KB270413

엑스포지멘터리 성경공부 시리즈

출애굽기 인도자용
출애굽기 1-40장

엑스포지멘터리 성경공부 시리즈

출애굽기

인도자용

출애굽기 1-40장

송병현 · 임우민 지음

차례

* 한 주의 성경공부는 60분을 기준으로 구성되어 있으나 그룹의 요구와 형편에 따라 조절할 수 있습니다.

1. 찬양과 기도 (5분)

다 함께 찬양할 수 있는 곡을 선곡하십시오.

세미나 모임을 위해 기도하십시오.

2. 자기 소개 (10분)

1) 서로 잘 아는 사이의 그룹일 경우 – 한 명씩 돌아가면서 소개하도록 하십시오. 본인의 성격을 동물이나 꽃에 비유해 소개하는 것도 자신의 특성을 잘 소개할 수 있는 방법입니다.

2) 서로 잘 모르는 사이의 그룹일 경우 – 두 명이 한 조를 이루어 각자의 '제일 잘 하는 것 한 가지'를 서로 나눕니다. 3분 정도 후 돌아가며 서로의 짝을 소개하는 시간을 갖습니다. 쑥스러운 분위기를 부드럽게 만드는 방법입니다.

인도자가 먼저 자신을 소개하여 어떻게 하는지 본을 보입니다.

3. 학생용 책 나누어 주기 (5분)

인도자 지침서는 나누어 주지 마십시오.

4. 엑스포지멘터리 성경공부 시리즈에 대한 소개 (2분)

'엑스포지멘터리'(EXPOSItory + comMENTARY = EXPOSIMENTARY, 해설주석)는 '해설, 설명'을 뜻하는 'expository'라는 단어와 '주석'을 뜻하는 'commentary'를 합성한 단어입니다. 본문의 뜻과 저자의 의도와는 연관성이 없는 주제와 묵상으로 치우치기 쉬운 expository의 한계와 필요 이상으로 논쟁적이고 기술적일 수 있는 commentary의 한계를 극복하여 가르치는 사역에 도움을 주기 위한 새로운 장르입니다. 〈엑스포지멘터리 시리즈〉로 재구성한 '엑스포지멘터리 성경공부 시리즈'는 올바른 성경해석과 적절한 말씀 적용을 핵심 목적으로 하는 평신도를 위한 성경공부 교재입니다.

5. 출애굽기 서론 (20분)

학생용의 교재를 사용하며 같이 나눕니다.

1. 신학적 주제와 메시지
   1) 해방
   2) 하나님을 아는 지식
   3) 율법
   4) 언약
   5) 임재
   6) 심판과 구원

2. 개요
   1) 이스라엘이 애굽을 떠남(1:1-15:21)
   2) 시내산에서 받은 율법(15:22-24:18)
   3) 성막과 도구들(25:1-40:38)
      1장 성막 건축 준비(25:1-31:18)
      2장 금송아지 반역과 언약 갱신(32:1-34:35)
      3장 성막 완성(35:1-40:38)

6. 이 책의 구성 및 사용 방법 (5분)

1) 복습 – 예상소요시간 5분
   • 복습은 지난 주에 배운 말씀 중 가장 핵심적인 부분을 이해하고

있는지 확인하는 부분입니다.

- 지난주에 결단했던 '생활의 아로마'가 어떻게 진행되었고, 삶에 어떤 변화를 가져왔는지 간단히 나눕니다.

2) 말씀 돋보기(관찰) – 예상소요시간 20분

- 말씀 돋보기는 숙제로 제시합니다.
- 말씀 돋보기는 Tip을 제시하고 있으며, Tip을 자세히 읽으면 스스로 답을 얻을 수 있습니다. 그러나 되도록이면 성경에서 답을 찾고 기록한 후, 그 문제를 이해했는지 Tip을 통해 확인하도록 하십시오.
- 모임 시 함께 풀어보며 문제들에 필요한 추가설명을 곁들이며 어려움이 없었는지 확인합니다.

3) 삶의 내비게이션(적용) – 예상소요시간 25분

- 삶의 내비게이션은 모임 시간에 함께 나누는 부분입니다.
- 삶의 내비게이션은 과거, 현재, 미래형 질문으로 구성되어 있습니다.

4) 생활의 아로마(실천) – 예상소요시간 5분

- 생활의 아로마는 구체적인 실천 과제를 학생 스스로 적고 실천하는 부분입니다.
- 생활의 아로마는 매주 모임에서 토론한 내용 중에서 각자의 상황과 결단에 맞추어 한 가지 정도의 구체적인 실천 과제를 제시합니다. 다음 모임을 시작하면서 실천 과제를 서로 나눕니다.
- 나눔의 깊이는 성령님의 인도하심, 인도자의 지혜, 그리고 그룹 구성원의 서로에 대한 신뢰의 정도에 따라 차이를 보일 수 있습니다.
- 학생용 교재 뒷부분의 "출애굽기 말씀 공부를 통한 삶의 변화 일지"를 이용해 엑스포지멘터리 성경공부를 통해 갖게 된 삶의 변화 과정과 결과를 한눈에 볼 수 있게 하였습니다.

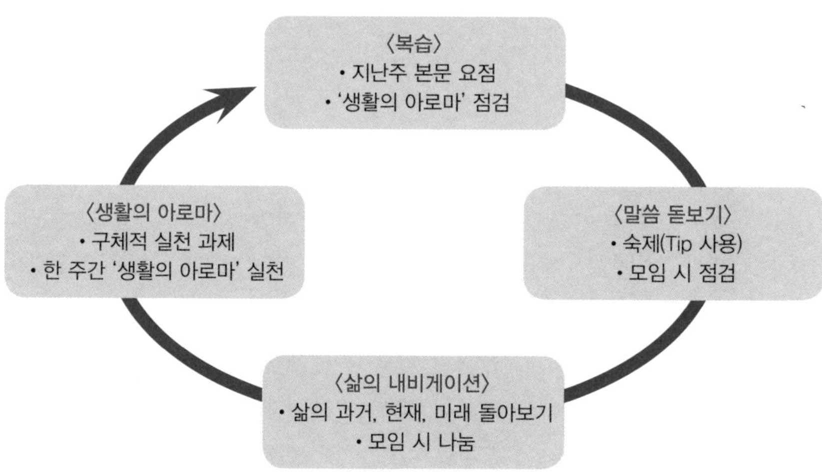

7. 서류 작성 (5분)

신청서, 기도제목, 비밀 유지 서약서(교재 뒷부분) 등을 작성합니다. 서로의 기도제목을 작성하고 인도자가 정리 후 나누어 주어, 매주 모임에서 함께 중보할 수 있도록 합니다.

8. 기대와 포부 (5분)

성경공부 모임을 통해 기대하는 것을 구성원 중 두 명 정도만 이야기하도록 합니다.

9. 숙제와 실천 과제 (5분)

한 주간의 말씀 돋보기 부분을 숙제해 오도록 하십시오. 실천 과제로 출애굽기 1~40장을 소리내어 읽어오도록 하십시오.

10. 기도

다 함께 이 성경공부 모임을 위해 기도하십시오. 다음 모임의 시간과 장소를 다시 한번 공지하십시오.

모세오경 중 두 번째 책인 출애굽기의 히브리어 이름은 "셰모트"이다. 이를 문자적으로 풀이하면 "이름들"이라는 뜻이며, 이 책을 시작하는 히브리어 문장 "그리고 (애굽으로 내려간 이스라엘의 아들들의) 이름들은 이러하니라"의 준말이다. 이처럼 시작하는 문구를 따서 책의 이름을 짓는 것은 고대 근동에서 흔히 볼 수 있는 관례였다. 그러나 칠십인역에서 이 책의 이름을 "탈출"이란 의미를 가진 헬라어로 명명한 후부터 일반적으로 "(애굽)탈출기/출애굽기"라고 불렀다.

출애굽기는 크게 두 부분으로 나뉘는데 전반부(1-19장)는 애굽에서 종살이 하던 이스라엘 백성이 어떻게 (그들의 하나님 여호와의 개입으로) 애굽 노예 생활을 청산하고 자유인이 되어 당당하게 애굽을 벗어났는가를 회고하고 있다. 후반부(20-40장)는 애굽의 억압으로부터 자유롭게 된 이스라엘 백성이 어떻게 (시내산에서 여호와 하나님과 언약을 맺어) 그분의 백성이 되었는가를 회고한다.

1. 저자

전통적으로 출애굽기를 포함한 구약 성경의 처음 다섯 권은 모세의 저작으로 여겨져 왔다. 대부분의 학자는 모세오경의 기본 골격은 모세가 갖추었으며 내용 역시 대부분 모세가 집필한 것으로 이해한다. 이 견해를 제시하는 성경의 증거들은 다음과 같다.

하나님이 모세에게 율법을 기록하라고 명령하신다(출 17:14; 34:27).

모세가 이미 기록된 문서를 읽는 모습도 보인다(출 24:7).

모세가 하나님의 명령에 의해 광야 생활의 여정을 자세하게 기록하기도 한다(민 33:2).

이스라엘 백성에게 이미 문서화된 율법을 준수하라고 권면하기도 한다

(신 28:58, 61; 29:20, 21, 27; 30:10; 31:9, 24, 26; 31:30).
한 시대가 지난 시대를 배경으로 하는 여호수아서도 "모세의 율법책" 혹
은 "모세를 통해 주신 율법"이라는 말을 사용한다(수 1:7-8; 8:31; 23:6)
이러한 점들을 고려할 때 모세가 출애굽기를 저작했을 가능성이 높다.

2. 역사적 정황

출애굽 사건은 분명 충분히 역사성을 지닌 이야기이지만, 하나님의 직접
적 개입을 통한 기적의 향연으로 간주하지 않으면 납득하기 어려운 부
분을 갖고 있다. 출애굽 사건은 우리의 믿음과 신뢰를 요구한다.
출애굽기 안에서의 시간의 흐름을 살펴보면 모세가 태어났을 때 이스라
엘 백성은 이미 애굽에서 노예 생활을 하고 있었고, 모세가 40세 광야로
도망갔다가 40년 후인 80세에 하나님의 소명을 받고 이집트로 돌아갔을
때에도 이스라엘 백성의 노예생활은 여전히 계속되고 있었다. 이 점을
감안하면 출애굽기는 이스라엘 백성이 최소한 80년 동안 이집트에서 종
살이 했음을 증언하는 것이다. 또한 책을 살펴보면 모세가 이스라엘 백
성을 해방시키기 위해 바로와 대결했던 일이 1년 동안 지속되었으며, 책
의 나머지 부분은 그러한 갈등을 뒤로하고 이스라엘 백성이 애굽을 떠
난 후 1년 동안 있었던 일을 기록하고 있다. 즉 출애굽기는 약 2년 동안
일어난 일에 초점을 맞추고 있다. 출애굽기는 이스라엘 백성에게 일어난
모든 일을 기록한 것이 아니라 선별된 역사적 사건들을 통해 가르침을
주고자 하는 역사 지혜서이다.

3. 다른 책들과의 관계

출애굽기는 성경 전체에서 매우 중요한 부분을 차지하지만 특별히 모세
오경의 다른 책들과 더욱 밀접한 관계를 갖고 있다.
- **창세기**- 창세기는 출애굽기를 이해하고 해석할 수 있는 역사적 배경
  의 일부를 제공한다.
- **레위기**- 출애굽기는 이스라엘 백성이 어떻게 애굽을 탈출하여 시내

산에 도착해 머물게 되었는가를 기록하고 있으며, 레위기는 이스라엘 백성이 1년 가까이 그곳에 머물면서 받은 율법을 기록하고 있다. 출애굽기는 레위기와 함께 율법을 기록하고 있을 뿐만 아니라 레위기의 역사적 정황을 제공해 주는 역할도 한다.

- 민수기- 출애굽기는 애굽을 떠나온 이스라엘 백성이 시내산에 도착하여 하나님과 언약을 맺으며 율법을 받는 이야기로 끝을 맺는데, 민수기는 시내산에서의 삶을 정리하고 가나안을 향해 떠나는 이스라엘 백성의 이야기로 시작한다. 그러므로 민수기는 출애굽기의 '속편'으로 간주할 수 있다.
- 신명기- 출애굽기와 레위기는 이스라엘이 시내산 아래 거하면서 받은 율법의 내용을 알리는 데 초점을 맞추고 있고, 신명기는 이 율법의 궁극적인 목적과 의도를 설명하는 데 주안점을 두고 있다.

4. 신학적 이슈들

기적

출애굽기에서는 구약의 그 어느 책보다 하나님이 베푸신 많은 기적을 목격할 수 있다. 하나님은 모세를 부르실 때 그의 호기심을 자극하기 위해 불에 타지 않는 나무를 사용하셨다(3:1-4). 하나님의 설명에도 불구하고 흔쾌히 애굽으로 돌아가지 않으려는 모세를 설득하기 위해 하나님은 지팡이가 뱀으로 변하고, 손에 문둥병이 생겼다 없어지는 기적을 베푸셨다(4:1-7). 하나님은 이스라엘 노예들을 내보내지 않으려는 애굽과 바로를 열 가지 재앙으로 쳐서 그들로부터 항복을 받아내셨다(7-11장). 이스라엘 백성이 애굽을 출발하는 순간부터 시내산에 도착할 때까지 그리고 그 후 약속의 땅을 정복하고 그곳에 정착할 때까지 40년 동안, 하나님은 계속해서 기적을 통해 이스라엘 백성을 먹이고 인도하셨다. 이런 관점에서 볼 때 출애굽기는 기적의 책이라고 할 수 있다.

열 재앙

책의 전반부의 중심을 차지하는 열 재앙은 단순히 애굽 사람들의 삶을 불편하게 하는데 목적이 있는 것이 아니었다. 고대 사회에서 애굽 사람들은 온갖 우상을 숭배한 것으로 유명했는데, 이 재앙들은 애굽의 대표적인 신들을 심판하는 일이기도 하다. 하나님이 내리신 열 재앙과 애굽 신들과의 관계에 대해 도표를 참고하라(『엑스포지멘터리 출애굽기』 50-51쪽/본서 4주의 도표 참조).

바로의 강퍅함

출애굽기는 바로의 강퍅함/강퍅해짐/강퍅하게 됨에 대해 4-14장에서 스무 번 언급한다. 그중 열 번은 바로가 스스로 마음을 강퍅하게 했으며 (출 7:13, 14, 22; 8:11, 15, 28; 9:7, 34, 35; 13:5), 열 번은 하나님이 그를 강퍅하게 하신 것으로 묘사한다(4:21; 7:3; 9:12; 10:1, 20, 27; 11:10; 14:4, 8, 17). 처음에는 바로가 스스로 마음을 강퍅하게 하는 것에 중심을 이루다가 시간이 지남에 따라 하나님이 그의 마음을 강퍅하게 하시는 것으로 중심이 옮겨진다는 것이다. 열 가지 재앙이 애굽에 내려질 때까지 하나님은 바로의 회심을 허락하지 않으셨다.

5. 신학적 주제와 메시지

해방

성경 중 자유에 대해 가장 확고하게 선언하는 책이 출애굽기이다. 책의 전반부는 애굽의 노예로 혹사당하던 이스라엘 자손의 해방을 위한 하나님의 사역을 회고하고 있다. 이 해방은 애굽 왕이 이스라엘을 지배하는 것에 대한 정당성을 부인하고 그 왕권을 전복시키는 것을 의미한다. 그러나 출애굽기는 이스라엘이 어떻게 애굽의 속박으로부터 해방되었는가에 관한 책만은 아니다. 애굽의 부당한 억압으로부터 탈출한 이스라엘은 자신들을 해방시킨 여호와를 섬길 수 있는 기회를 얻었다. 이스라엘의 해방은 자유인 이스라엘 백성이 하나님의 백성으로 마음껏 그분을 섬길 수 있는 기회를 마련해 주는 데 궁극적인 목적이 있다.

하나님을 아는 지식

하나님이 온갖 기적을 행하시면서 이스라엘 백성을 구원하신 것은 그들로 하여금 여호와가 하나님이심을 알게 하기 위함이다. 하나님이 기적을 통해 이스라엘과 온 세상에 자신을 드러내신 것도, 계시를 통해 말씀하신 것도, 모세를 통해 율법을 주신 것도, 이스라엘 중에 거하신 것도 모두 주의 백성과 온 세상에 여호와를 알게 하기 위함이다.

율법

이스라엘 백성이 시내산에서 그들을 해방시키신 여호와 하나님을 만났을 때 하나님은 이스라엘의 종교 생활뿐만 아니라 삶의 모든 영역에 적용되는 지침을 주셨다. 이 지침이 바로 율법이다. 이스라엘 백성이 하나님이 주신 율법을 준수해야 하는 가장 근본적인 이유는, 하나님이 한때 애굽의 노예였던 그들에게 자유를 주셨기 때문이다. 율법의 주제를 가장 간단하게 말하자면 "하나님께 드리는 예배"와 "하나님의 백성의 삶"이라 할 수 있다.

언약

하나님이 시내산에서 이스라엘 자손에게 주신 율법은 그들과 맺은 언약의 조건들이었다. 하나님과 이스라엘이 언약을 맺는다는 것은 쌍방이 서로에게 무조건적으로 그리고 절대적으로 헌신한다는 것을 의미한다. 마치 결혼식에서 신랑과 신부가 서로에게 헌신을 서약하는 것처럼 말이다. 이스라엘은 국가로 태어나는 순간부터 하나님의 신실하고 헌신적인 아내가 되기를 선언했으며, 시내산에서 세운 언약은 이러한 결혼 계약 조항이었던 것이다.

임재

출애굽기는 이스라엘이 어떻게 제도와 구조적 장치를 통해 하나님의 임재를 보장받을 수 있게 되었는지를 기록한다. 하나님은 거룩한 장막과 그 안에서 사용되는 여러 도구 만드는 법을 직접 계시해 주시고, 제사장들에 대한 규례도 가르쳐 주심으로써 자신의 방식으로 이들과 함께 하기를 자청하셨다. 하나님이 자신의 백성들 가운데 거하신다는 것은 그분이 인류의 역사에 깊이 관련되어 있음을 뜻한다. 하나님의 임재는 곧 하나님이 주의 백성을 위해 행하시는 것 혹은 그들의 역사를 만들어 가시는 것을 의미하기 때문이다. 하나님은 세 가지 제도를 통해 이스라엘로 하여금 예배의 순수성을 유지하고 언약, 율법, 하나님의 임재의 상징인 성막/성전을 보존하고 관리하도록 하셨다: (1) 중앙화된 예배 장소, (2) 제사장 제도, (3) 선지자 제도.

6. 개요

Ⅰ. 이스라엘이 애굽을 떠남(1:1-15:21)
    1장 준비(1:1-7:7)
    2장 아홉 재앙(7:8-10:29)
    3장 출발(11:1-15:21)

Ⅱ. 시내산에서 받은 율법(15:22-24:18)
    1장 시내산으로 가는 길(15:22-18:27)
    2장 시내산 언약(19:1-24:18)

Ⅲ. 성막과 도구들(25:1-40:38)
    1장 성막 건축 준비(25:1-31:18)
    2장 금송아지 반역과 언약 갱신(32:1-34:35)
    3장 성막 완성(35:1-40:38)

하나님의 뜻-구원

출애굽기 1:1-22

학습목표

1. 하나님의 뜻은 하나님의 백성들을 구원하는 것이라는 사실을 확인할 수 있다.
2. 하나님의 백성은 핍박 속에서 더 번성한다는 것을 알 수 있다.

KEYWORD 핍박, 고통, 번성

Ⅰ. 찬양과 기도

Ⅱ. 복습문제 풀이

 ## 복습

1 출애굽기의 전체적인 개요를 크게 세 가지로 나누면 무엇인가?

a) 이스라엘이 애굽을 떠남(1:1-15:21)

b) 시내산에서 받은 율법(15:22-24:18)

c) 성막과 도구들(25:1-40:38)

1:1 야곱과 함께 각각 자기 가족을 데리고 애굽에 이른 이스라엘 아들들의 이름은 이러하니 2 르우벤과 시므온과 레위와 유다와 3 잇사갈과 스불론과 베냐민과 4 단과 납달리와 갓과 아셀이요 5 야곱의 허리에서 나온 사람이 모두 칠십이요 요셉은 애굽에 있었더라 6 요셉과 그의 모든 형제와 그 시대의 사람은 다 죽었고 7 이스라엘 자손은 생육하고 불어나 번성하고 매우 강하여 온 땅에 가득하게 되었더라 8 요셉을 알지 못하는 새 왕이 일어나 애굽을 다스리더니 9 그가 그 백성에게 이르되 이 백성 이스라엘 자손이 우리보다 많고 강하도다 10 자, 우리가 그들에게 대하여 지혜롭게 하자 두렵건대 그들이 더 많게 되면 전쟁이 일어날 때에 우리 대적과 합하여 우리와 싸우고 이 땅에서 나갈까 하노라 하고 11 감독들을 그들 위에 세우고 그들에게 무거운 짐을 지워 괴롭게 하여 그들에게 바로를 위하여 국고성 비돔과 라암셋을 건축하게 하니라 12 그러나 학대를 받을수록 더욱 번성하여 퍼져나가니 애굽 사람이 이스라엘 자손으로 말미암아 근심하여 13 이스라엘 자손에게 일을 엄하게 시켜 14 어려운 노동으로 그들의 생활을 괴롭게 하니 곧 흙 이기기와 벽돌 굽기와 농사의 여러 가지 일이라 그 시키는 일이 모두 엄하였더라 15 애굽 왕이 히브리 산파 십브라라 하는 사람과 부아라 하는 사람에게 말하여 16 이르되 너희는 히브리 여인을 위하여 해산을 도울 때에 그 자리를 살펴서 아들이거든 그를 죽이고 딸이거든 살려두라 17 그러나 산파들이 하나님을 두려워하여 애굽 왕의 명령을 어기고 남자 아기들을 살린지라 18 애굽 왕이 산파를 불러 그들에게 이르되 너희가 어찌하여 이같이 남자 아기들을 살렸느냐 19 산파가 바로에게 대답하되 히브리 여인은 애굽 여인과 같지 아니하고 건장하여 산파가 그들에게 이르기 전에 해산하였더이다 하매 20 하나님이 그 산파들에게 은혜를 베푸시니 그 백성은 번성하고 매우 강해지니라 21 그 산파들은 하나님을 경외하였으므로 하나님이 그들의 집안을 흥왕하게 하신지라 22 그러므로 바로가 그의 모든 백성에게 명령하여 이르되 아들이 태어나거든 너희는 그를 나일 강에 던지고 딸이거든 살려두라 하였더라

※ 출애굽기는 1주-3주에 걸쳐 하나님의 뜻, 방법, 때에 대해 나누어져 있다.

　1주 하나님의 뜻 - 구원

　2주 하나님의 방법 - 모세

　3주 하나님의 때 - 소명

　1주-3주는 서로 연결성을 갖는다.

 말씀 돋보기 - 관찰

1 출애굽기는 이집트로 내려갔던 야곱의 아들들의 이름을 나열하는 것으로 시작한다. 이 계보의 역할은 무엇인가?(출 1:1-7)

주의 백성들의 정체성을 확인하고 미래를 예고하고 있다.

 출애굽기 서두는 창세기를 회고하면서 요셉 세대가 다 죽고 이스라엘 백성이 이집트에서 번성해 온 땅에 가득 채워졌다는 사실을 더함으로 출애굽을 예고하고, 이스라엘을 위한 하나님의 사역이 다음 단계로 나아가야 함을 암시하고 있다. 그러므로 이 서두는 과거와 미래를 연결하는 두 가지 기능을 담당한다.

※ **계보**
- 주의 백성의 정체성 및 소명과 연관되어 있음.
- 우리가 어디에서 왔는가를 확인함으로써 우리의 정체성을 정의하는 데 매우 중요한 역할을 함.
- 우리가 어떤 목적을 가지고 이 땅에 태어났는가를 이해하는 데도 크게 기여함.
- 우리가 창조주 하나님으로부터 왔으며, 이 세상에 그분의 뜻을 펼치기 위해 태어났음을 확인해 주는 도구.

2 요셉을 알지 못하는 왕이 두려워한 것은 무엇이며, 이스라엘 백성들에게 행한 정책은 무엇인가?(출 1:10-11)

이스라엘의 반역과 도주, 이스라엘의 노동력을 가장 좋은 형태와 규모로 통제하고 유지하는 정책

 바로가 걱정했던 것은 전쟁 시에 이스라엘의 반역과 도주였다. 그중 그를 더욱 염려케 하는 것은 도주였다. 바로는 이스라엘을 이용할 가치가 있는 노예 노동력으로 생각했으며, 이 노동력을 가장 좋은 형태와 규모로 통제하고 유지하고자 했다. 그러므로 이스라엘이 너무 큰 백성이 되는 것은 원하지 않았으며 착취하고 억압하기에 가장 좋은 수준으로 유지하고 싶었던 것이다. 바로의 정책은 이스라엘을 괴롭게 하고 엄하게 대하는 것으로 비돔과 라암셋을 건설하는 일에 동원했다.

3 애굽 사람들이 이스라엘 자손으로 말미암아 근심한 이유는 무엇인가?(출 1:12)

학대할수록 더욱 번성하여 퍼져 나가서

이스라엘 백성이 학대를 받을수록 더욱 번성하여 퍼져 나가는 것은 애굽 사람들을 근심하게 했다. 바로는 이 과정에서 본의 아니게 하나님이 아브라함에게 주신 "네 자손이 땅의 티끌처럼, 바닷가의 모래알처럼, 하늘의 별처럼 많아 질 것이다"(창 15:5)라는 축복에 도전장을 내민다. 그러나 바로는 하나님의 축복이 진행되는 것을 어느 정도 방해할 수 있을지는 몰라도 절대로 그것을 차단할 수는 없다. 이스라엘은 갖은 억압을 받을수록 더 번성해 갔다.

4 히브리 산파들이 애굽 왕의 요구를 따르지 않은 이유는 무엇이며, 하나님은 이것을 어떻게 여기셨는가?(출 1:17-21)

하나님을 두려워하여 애굽 왕의 명령을 따르지 않았다.

하나님은 산파들에게 은혜를 베푸셨다.

히브리 산파들이 위험을 무릅쓰고 바로의 요구를 따르지 않았던 것은 그들이 이집트의 왕보다 이스라엘의 왕이신 하나님을 더 두려워했기 때문이다(17절). 이 일은 인류 역사에 기록된 최초의 시민 불복종 사건이다. 하나님은 이런 산파들에게 은혜를 베푸셨다. 하나님은 그들에게 가정을 주셨다. 당시 산파들은 독신이었다. 이는 모든 시간과 노력을 산모에게 기울이기 위한 의도였다. 아마도 나이도 많았을 이 산파들이 자신의 가정을 갖는다는 것은 기적에 가깝다. 하나님은 이 같은 기적을 베푸셔서 이들도 행복한 가정 안에서 즐길 수 있도록 남편과 자녀들을 주셨던 것이다. 또한 하나님은 산파들에게 그들의 이름을 성경에 기록해 세세토록 기억하게 하셨다.

※ 산파들의 거짓말에 복을 주신 하나님

저자는 산파들이 거짓말을 한 것을 '하나님을 두려워 했기 때문'이라고 강조.

개인적인 이익이나 관심 때문에 바로를 거역한 것이 아닌, 하나님의 도덕적 요구를 충족시키기 위해 불합리하고 부도덕한 독재자의 요구에 불응한 것.

세상의 요구와 하나님의 기준이 대립될 때는 하나님의 기준을 따라야 함.

예) 창녀 라합, 기브온 사람

5 번성하는 이스라엘에게 내린 바로의 명령은 무엇인가?(출 1:22)

아들이 태어나면 나일강에 던지고 딸이거든 살려두라

이스라엘 백성이 히브리 산파들을 통해 스스로 인구를 억제해 줄 것을 기대했던 바로는 일이 뜻대로 되지 않자 직접 극약 처방을 내린다. "갓 태어난 히브리 남자 아이는 모두 강물에 던지고, 여자 아이들만 살려 두어라"(22절, 새번역). 이스라엘의 계속되는 번성을 보다 못한 바로가 직접 아이들을 죽이는 살인자로 나선 것이다. 바로가 남자 아이들만 죽이라고 한 이유는 남자가 성장하면 군사적 위협이 될 수 있기 때문이다. 그러나 이 칙령은 몇 년 동안 일시적으로 효력을 발휘했을 뿐 영구적인 정책은 아니었던 것 같다.

※ 이스라엘 백성에 대한 이집트의 학대

단순한 억압(1절) → 혹독한 억압(14절) → 산파를 통한 살인(16절) → 노골적 살인(22절)

삶의 내비게이션 - 적용

1 잡초는 밟을수록 더 번지고 성장하는 것처럼 이스라엘도 갖은 억압 속에서 더 번성했다. 당신이 억압이나 어려운 상황 속에서 이겨낸 경험으로는 어떤 것이 있는가?

관찰문제 3번 참조. 처음 예수를 믿었을 때는 교회에 못 나가게 하고 반대할수록 더 열심히 신앙생활한 경험이 있을 것이다. 이것에 대해 이야기를 나누어 보도록 한다. 기독교는 잡초와 같은 종교이다. 교회사를 보면 교회는 박해받을 때 더 순수했을 뿐만 아니라 수적으로도 성장한 경우가 많다. 공산주의가 중국을 장악하자 선교사들은 얼마 되지 않는 성도들을 남겨 두고 눈물을 뿌리며 그 땅을 떠나야 했다. 그때 상당수의 선교사들이 아직 제대로 뿌리 내리지 못한 중국 기독교가 공산주의자들의 박해에 뿌리째 뽑힐 것을 우려했다. 그러나 그것은 기우에 불과했다. 오늘날 일부 선교학자들은 중국의 그리스도인의 숫자를 많게는 2억까지 본다.

모태신앙인 경우나 혹은 가족이나 이웃의 반대나 박해를 받아보지 않은 경우에는, 이스라엘과 같은 어려운 상황이나 중국과 같은 상황에서 하나님의 백성들이 어떻게 대처하며 이겨냈을까에 대해 이야기를 나누어 보도록 한다.

2 애굽 사람들은 이스라엘 백성들로 인해 두려워하고 염려하면서도 그들의 이용가치 때문에 그들을 내보내지 않았다. 당신의 삶에서도 분명 잘못인 것을 알면서도 해결하지 못하는 것은 무엇인가?

예) 국가 정책 이용, 교회 물품과 재정 사용, 학교에서의 컨닝

관찰문제 2번 참조. 이스라엘의 번성은 이집트에 대한 반역과 도주의 위험을 안겨 주었다. 그러나 이집트는 그들의 노동력을 잃고 싶지는 않았다. 안정과 노동력이라는 두 마리의 토끼를 잡고자 하니 이집트는 잔인한 정책을 펼 수 밖에 없었다.

우리들의 삶에서도 이와 같은 일을 생각보다 쉽게 찾을 수 있다. 예를 들어 실업급여나 노인복지 수당, 장애복지 수당, 육아휴직 수당 등의 국가 정책을 자신의 이익을 위해서 잘못인 줄 알면서 불법적으로 이용할 수 있다. 교회에서도 교회의 물품이나 재정을 마치 자신의 것인양 마음대로 사용하고, 예산을 회식 등의 명목으로 쉽게 사용하는 경우도 있을 수 있다. 학생의 경우에는 성적을 위해 양심을 속이면서 컨닝의 방법을 택할 수도 있다. 이 밖에 다양한 곳에서 잘못인 줄 알면서도 고치기 어렵고, 해결하기 어려운 문제들이 있을 것이다. 이것에 대해 이야기를 나누어 보도록 한다. 인도자는 문제를 나열하는 것에서 멈추지 말고 그것을 해결하기 위해서는 어떤 결단이 필요한지 서로 이야기해 보도록 돕는다.

3 산파들이 바로의 명령을 따르지 않은 것은 하나님을 두려워했기 때문이다. 당신은 세상의 요구와 하나님의 기준이 대립할 때 무엇을 선택하겠는가?

관찰문제 4번 참조. 세상은 술 먹는 사람을 요구하지만 하나님의 기준은 '술 취하지 말라'이다. 세상은 라이벌이 되어 서로 경쟁을 요구하지만, 하나님의 기준은 '서로 사랑하라'이다. 이렇게 세상의 요구와 하나님의 기준이 대립할 때 각자 어떤 선택을 할 것인가에 대해 서로 이야기를 나누어 본다.

때로는 히브리 산파들과 같이 거짓말을 해야 하는 경우도 있다. 그러나 거짓말의 허용에 대한 기준은 분명하다. 산파들은 개인적인 이익이나 관심 때문에 바로를 거역하고 거짓말한 것이 아니라, 하나님의 도덕적 요구를 충족시키기 위해 불합리하고 부도덕한 독재자의 요구에 불응한 것이다.

- 기도로 마무리한다.
- 제2주 관찰 문제를 예습해 오도록 한다.
- 실천 과제를 제시한다.

 **생활의 아로마** – 실천

예 1) 잘못인 줄 알면서 해결하지 못한 것을 해결하고 오도록 한다.

하나님의 방법 – 모세

학습목표

1. 하나님은 우연을 하나님의 섭리로 사용하시는 것을 알 수 있다.
2. 모세를 통해 반전의 하나님을 경험할 수 있다.

KEYWORD 모세, 반전, 망명

Ⅰ. 찬양과 기도

Ⅱ. 지난주 실천 과제 나눔

Ⅲ. 복습문제 풀이

 복습

1 애굽 사람들이 이스라엘 자손으로 말미암아 근심한 이유는 무엇인가?(출 1:12)

학대할수록 더욱 번성하여 퍼져 나가서

2:1 레위 가족 중 한 사람이 가서 레위 여자에게 장가 들어 2 그 여자가 임신하여 아들을 낳으니 그가 잘 생긴 것을 보고 석 달 동안 그를 숨겼으나 3 더 숨길 수 없게 되매 그를 위하여 갈대 상자를 가져다가 역청과 나무 진을 칠하고 아기를 거기 담아 나일 강 가 갈대 사이에 두고 4 그의 누이가 어떻게 되는지를 알려고 멀리 섰더니 5 바로의 딸이 목욕하러 나일 강으로 내려오고 시녀들은 나일 강 가를 거닐 때에 그가 갈대 사이의 상자를 보고 시녀를 보내어 가져다가 6 열고 그 아기를 보니 아기가 우는지라 그가 그를 불쌍히 여겨 이르되 이는 히브리 사람의 아기로다 7 그의 누이가 바로의 딸에게 이르되 내가 가서 당신을 위하여 히브리 여인 중에서 유모를 불러다가 이 아기에게 젖을 먹이게 하리이까 8 바로의 딸이 그에게 이르되 가라 하매 그 소녀가 가서 그 아기의 어머니를 불러오니 9 바로의 딸이 그에게 이르되 이 아기를 데려다가 나를 위하여 젖을 먹이라 내가 그 삯을 주리라 여인이 아기를 데려다가 젖을 먹이더니 10 그 아기가 자라매 바로의 딸에게로 데려가니 그가 그의 아들이 되니라 그가 그의 이름을 모세라 하여 이르되 이는 내가 그를 물에서 건져내었음이라 하였더라 11 모세가 장성한 후에 한번은 자기 형제들에게 나가서 그들이 고되게 노동하는 것을 보더니 어떤 애굽 사람이 한 히브리 사람 곧 자기 형제를 치는 것을 본지라 12 좌우를 살펴 사람이 없음을 보고 그 애굽 사람을 쳐죽여 모래 속에 감추니라 13 이튿날 다시 나가니 두 히브리 사람이 서로 싸우는지라 그 잘못한 사람에게 이르되 네가 어찌하여 동포를 치느냐 하매 14 그가 이르되 누가 너를 우리를 다스리는 자와 재판관으로 삼았느냐 네가 애굽 사람을 죽인 것처럼 나도 죽이려느냐 모세가 두려워하여 이르되 일이 탄로되었도다 15 바로가 이 일을 듣고 모세를 죽이고자 하여 찾는지라 모세가 바로의 낯을 피하여 미디안 땅에 머물며 하루는 우물 곁에 앉았더라 16 미디안 제사장에게 일곱 딸이 있었더니 그들이 와서 물을 길어 구유에 채우고 그들의 아버지의 양 떼에게 먹이려 하는데 17 목자들이 와서 그들을 쫓는지라 모세가 일어나 그들을 도와 그 양 떼에게 먹이니라 18 그들이 그들의 아버지 르우엘에게 이를 때에 아버지가 이르되 너희가 오늘은 어찌하여 이같이 속히 돌아오느냐 19 그들이 이르되 한 애굽 사람이 우리를 목자들의 손에서 건져내고 우리를 위하여 물을 길어 양 떼에게 먹였나이다 20 아버지가 딸들에게 이르되 그 사람이 어디에 있느냐 너희가 어찌하여 그 사람을 버려두고 왔느냐 그를 청하여 음식을 대접하라 하였더라 21 모세가 그와 동거하기를 기뻐하매 그가 그의 딸 십보라를 모세에게 주었더니 22 그가 아들을 낳으매 모세가 그의 이름을 게르솜이라 하여 이르되 내가 타국에서 나그네가 되었음이라 하였더라 23 여러 해 후에 애굽 왕은 죽었

고 이스라엘 자손은 고된 노동으로 말미암아 탄식하며 부르짖으니 그 고된 노동으로 말미암아 부르짖는 소리가 하나님께 상달된지라 24 하나님이 그들의 고통 소리를 들으시고 하나님이 아브라함과 이삭과 야곱에게 세운 그의 언약을 기억하사 25 하나님이 이스라엘 자손을 돌보셨고 하나님이 그들을 기억하셨더라

 말씀 돋보기 - 관찰

1 레위 지파 사람이 결혼하여 아들을 낳은 후에 3개월 동안 숨겨서 키운 이유는 무엇인가?(출 2:2)

그가 잘 생긴 것을 보고

 아들이 태어나면 곧바로 나일강에 던지라는 바로의 명령에도 불구하고 레위 지파의 한 여인은 아이가 "잘 생긴 것"을 보고 3개월 동안 숨겼다. 이 단어는 창세기 1장의 창조 이야기에서 무려 일곱 차례 나온 피조물이 "하나님 보시기에 좋았더라"라고 말씀하신 단어와 동일하다. 그래서 대부분의 주석가는 아이의 탄생을 새로운 창조의 시작을 알리는 것으로 해석한다. 이 단어는 창세기와 출애굽기를 연결하는 또 하나의 고리가 되고 있다.

2 갈대 상자에 실려 나일 강에 버려진 모세를 하나님은 어떻게 보호하셨는가?(출 2:3-6)

바로의 공주를 통해 바로의 왕자로 자라게 하심

 어머니는 아이를 갈대 상자에 넣어 나일강에 띄웠고, 마침 바로의 딸이 목욕하러 나왔다가 우연히 그 상자와 아이를 발견하고 불쌍히 여겨 키우기로 결정한다. 이스라엘 자손을 바로의 손에서 구원할 아이가 이집트 공주에 의해 보호를 받으며 '바로의 바로 턱 밑'에서 자라게 된 것이다.

'때마침'은 믿지 않는 사람들에게는 우연이지만 믿는 자들에게는 확실한 하나님의 섭리이다. 유대인들은 오늘날에도 이 대목에서 열광한다. 회당에서 이 이야기를 읽을 때는 손뼉을 치며, 발을 구르고, 소리를 질러 환호한다. 최악의 조건에도 자비를 베푸셔서 택한 백성을, 구원할 자를 보호하시는 하나님

은 반전의 하나님이시다.

※ 갈대상자

아이를 담은 "상자"의 히브리어 단어는 노아 홍수 이야기의 "방주"와 동일한 단어로 다른 곳에서는 사용되지 않는다. '갈대'는 나일강 유역에서 흔히 발견되는 파피루스를 뜻한다. 모세를 나일강의 갈대 사이로 떠나 보낸 것은 훗날 모세가 이스라엘 자손을 인도하여 건너게 될 '홍해/갈대 바다'를 기대하게 한다. 그러므로 "갈대 상자"는 노아의 방주를 연상케 하는 "상자"와 앞으로 이스라엘 자손이 건너게 될 홍해/갈대 바다를 기대하는 "갈대"로 구성되어 있으며, 과거와 미래를 잇는 다리 역할을 한다.

3 모세가 애굽 사람을 죽인 이유는 무엇이며, 이것을 통해 알 수 있는 사실은 무엇인가?(출 2:11)

이유: 자기 형제인 히브리 사람을 치는 것을 보고 화가 나서

사실: 모세는 애굽의 교육을 받았으나 그의 정체성은 히브리 사람이었다.

모세는 노예로 고통받는 '자기 형제'를 보러 갔다가 이집트 사람이 한 히브리 사람 곧 '자기 형제'를 치는 것을 보고 화가 나서 살인을 저질렀다. 저자는 '형제'라는 말을 반복함으로 지난 수년간의 이집트 왕궁 교육이 모세의 히브리 사람으로서의 정체성을 씻어 내는데 실패했음을 역설하고 있다. 즉, 모세는 바로의 왕궁의 왕자로 살고 교육받았지만, 그의 정체성은 히브리 사람이었다.

4 미디안 우물가에서 모세가 아내를 만나게 된 계기가 되는 사건은 무엇이며, 모세가 그렇게 한 동기는 무엇인가?(출 2:16-17)

사건: 목자들의 괴롭힘을 당하고 있는 미디안 제사장의 딸들을 도와 줌

동기: 약한 자들을 괴롭히는 것을 보고 있을 수 없는 공평과 정의에 대한 열정으로

모세와 그의 아내 십보라와의 만남은 그들을 괴롭히려는 목자들을 쫓아내고 양 떼에게 물먹이는 것을 도와주면서 이루어졌다(17절). 모세는 히브리 노예를 학대하는 이집트 사람을 때려서 죽임으로 비록 법에 쫓기는 신세가 되었지만, 아직도 이집트에서 지녔던 공평과 정의에 대한 열정을 품고 있었다. 하나님은 이러한 모세의 마음을 귀하게 여기신다.

※**모세의 공평과 정의**

　　장점으로 작용했을 때 – 십보라와의 만남

　　단점으로 작용했을 때 – 이집트 사람을 죽임

※**우물가 모형(우물가에서 만난 사람들)**

　　이삭의 아내 리브가(창 24장)

　　야곱의 아내 라헬(창 29장)

5 여러 해 후 고된 노동으로 인해 이스라엘 백성은 어떻게 했으며, 하나님의 반응은 무엇이었는가?(출 2:23-25)

백성의 탄식: 탄식하며, 부르짖고, 고통하는 소리

하나님의 반응: 들으시고, 언약을 기억하시고, 돌보시고, 이스라엘을 기억하셨다(헤아리심)

이스라엘 백성은 고된 노동으로 인해 탄식하며, 울부짖고, 부르짖고, 고통하는 소리를 냈다(23절). 하나님의 계획은 인간의 의지와 상관없이 자동으로 진행되지 않는다. 먼저 인간이 울부짖고, 부르짖는 기도로 하나님의 계획이 실현되도록 해야 한다.

하나님은 이스라엘의 형편을 헤아리신 것을 네 가지로 표현하고 있다. 그들의 고통 소리를 들으시고, 언약을 기억하시고, 이스라엘 자손의 종살이를 보시고, 그들의 처지를 기억하셨다. 출애굽기에서 이스라엘의 진정한 구원자이신 하나님이 처음 소개는 부분이다. 견디기 힘든 노예 생활에서 비롯된 탄식과 울부짖음이 하나님의 보좌를 움직이고 있다. 그들의 호소를 들으신 하나님은 그들의 조상들과의 언약을 기억하셨을 뿐만 아니라 그들의 어려운 형편도 헤아리셨다.

 ## 삶의 내비게이션 - 적용

1 당신이 우연이라고 생각했지만 알고 보니 하나님의 섭리였던 것에는 무엇이 있는가?

관찰문제 2번 참조. 갈대 상자 속의 모세를 이집트의 공주가 나일강에서 건진 것은 우연이었다. 그러나 이집트 공주는 목욕하러 나일강을 찾을 때마다 강물을 떠내려가는 수많은 히브리 남자 아이들을 보았을 것이다. 그때는 관심을 갖지 않았는데 이번에는 마음이 끌려 상자를 가져다 열어보게 했고, 아이의 눈을 보는 순간 아버지의 칙령을 어기면서까지 아이를 키우고 싶은 긍휼과 사랑이 싹텄던 것이다. 이렇게 우리는 우연으로 생각하는 많은 일들이 사실은 하나님의 은혜이고 섭리일 때가 많다.

각자가 경험한 그때는 우연이라고 생각했는데 알고 보니 하나님의 은혜와 섭리였던 일들에 대해 이야기를 나누어 보도록 한다.

2 당신의 장점이 단점으로 작용한 경험이 있다면 무엇인가?

관찰문제 4번 참조. 모세의 장점이자 단점은 공평과 정의였다. 그것이 장점으로 작용했을 때는 십보라와의 만남을 갖게 하고 광야에서의 방황을 끝내는 십보라와의 결혼으로 연결해 주는 계기가 되었다. 그러나 단점으로 작용했을 때 자기 형제인 히브리 사람을 괴롭히는 이집트 사람을 죽임으로 도망자 신세가 되었다.

우유부단한 성격은 단점이지만 장점으로 보면 신중하다고 할 수 있다. 또 어떤 결정을 내려야 할 때 장점이 될 수 있는 빠른 결정력은 성급함이라는 단점으로 작용할 수도 있다. 사람들 사이에 관계가 원만하고 친화력이 좋은 장점을 가진 사람은 소문 제조기가 되거나 남의 말을 옮기는 단점을 가진 사람일 수도 있다. 이렇게 장점이 단점으로 작용하는 경우가 많다.

각자 자신은 어떤 장점을 갖고 있는지 이야기를 나누어 보고, 그 장점이 단점으로 작용했던 경우에 대해서도 말해보도록 한다. 또 장점이 장점으로만 남을 수 있기 위해서는 어떤 노력이 필요한지에 대해서도 서로 이야기를 나누어 본다.

3 모세는 형제 히브리 사람이 고통 당하는 것을 보고 애굽 사람을 죽임으로 구원자가 되려고 했지만 그것은 하나님의 뜻, 방법, 때가 아니었다. 당신은 하나님의 뜻과 방법과 때를 어떻게 분별하는가?

관찰문제 3번, 5번 참조. 모세는 그것이 하나님의 때라고 생각하고 행동했을 것이다. 그러나 그가 구원자로 부름을 받은 것은 그 후 40년의 세월이 흐른 뒤였다. 또한 하나님의 뜻을 이루기 위한 모세의 방법에도 문제가 있었다. 속임수와 부정은 하나님의 방법이 아니다. 그러므로 모세는 하나님의 때와 방법이 아닌 것으로 억지로 하나님의 뜻을 이루고자 했다가 도망자의 신세가 된 것이다. 누구도 하나님을 앞서서는 안된다. 그렇다면 하나님의 뜻, 방법, 때는 어떻게 분별할 것인가?

- 하나님의 뜻: 객관적인 성경 말씀과 기독교적 가치관과 주관적인 기도를 통해서.
  한 쪽에 치중하지 않고 객관적인 것과 주관적인 것을 동시에 충족시킬 때.
- 하나님의 방법: 거룩하신 하나님은 옳지 않은 방법은 사용하지 않으심.
  합리적이고 경건한 방법을 사용하심.
- 하나님의 때: 여건이 만들어질 때. 성급하고 독단적이지 않음.
  하나님과의 지속적인 묵상과 교제를 통해서 하나님의 때를 알 수 있음.
  하나님의 때는 마음의 평안을 누림으로 알 수 있음.

각자가 하나님의 뜻과 방법과 때를 어떻게 분별하는지 이야기해 보도록 한다. 인도자는 정답을 말해 주기보다는 참가자 스스로 어떤 것이 하나님의 뜻, 방법, 때인지 말할 수 있도록 돕는다. 서로 이야기를 나누는 가운데 바른 대답으로 유도하도록 한다.

VII. 마무리

- 기도로 마무리한다.
- 제3주 관찰 문제를 예습해 오도록 한다.
- 실천 과제를 제시한다.

 생활의 아로마 – 실천

예 1) "하나님이 들으시고, 기억하시고, 돌보시고, 헤아리신다"를 적어서 잘 보이는 곳에 붙여 놓고 매일 보도록 한다. 자신의 이름을 함께 적고 이스라엘 사람처럼 위로를 받으며 힘든 상황을 이기도록 한다.
   2) 일주일 동안 장점이 단점으로 나타나지 않도록 절제하는 생활을 한다.

하나님의 때-소명

출애굽기 3:1-22

학습목표

1. 백성들의 고통과 신음에 내려오시는 하나님을 만날 수 있다.
2. 하나님은 그분의 때에 그분의 사람을 부르시는 것을 알 수 있다.

KEYWORD 핑계, 임재, 처방

Ⅰ. 찬양과 기도

Ⅱ. 지난주 실천 과제 나눔

Ⅲ. 복습문제 풀이

 복습

1 갈대 상자에 실려 나일강에 버려진 모세를 하나님은 어떻게 보호하셨는가?(출 2:3-6)

바로의 공주를 통해 바로의 왕자로 자라게 하신다

3:1 모세가 그의 장인 미디안 제사장 이드로의 양 떼를 치더니 그 떼를 광야 서쪽으로 인도하여 하나님의 산 호렙에 이르매 2 여호와의 사자가 떨기나무 가운데로부터 나오는 불꽃 안에서 그에게 나타나시니라 그가 보니 떨기나무에 불이 붙었으나 그 떨기나무가 사라지지 아니하는지라 3 이에 모세가 이르되 내가 돌이켜 가서 이 큰 광경을 보리라 떨기나무가 어찌하여 타지 아니하는고 하니 그 때에 4 여호와께서 그가 보려고 돌이켜 오는 것을 보신지라 하나님이 떨기나무 가운데서 그를 불러 이르시되 모세야 모세야 하시매 그가 이르되 내가 여기 있나이다 5 하나님이 이르시되 이리로 가까이 오지 말라 네가 선 곳은 거룩한 땅이니 네 발에서 신을 벗으라 6 또 이르시되 나는 네 조상의 하나님이니 아브라함의 하나님, 이삭의 하나님, 야곱의 하나님이니라 모세가 하나님 뵈옵기를 두려워하여 얼굴을 가리매 7 여호와께서 이르시되 내가 애굽에 있는 내 백성의 고통을 분명히 보고 그들이 그들의 감독자로 말미암아 부르짖음을 듣고 그 근심을 알고 8 내가 내려가서 그들을 애굽인의 손에서 건져내고 그들을 그 땅에서 인도하여 아름답고 광대한 땅, 젖과 꿀이 흐르는 땅 곧 가나안 족속, 헷 족속, 아모리 족속, 브리스 족속, 히위 족속, 여부스 족속의 지방에 데려가려 하노라 9 이제 가라 이스라엘 자손의 부르짖음이 내게 달하고 애굽 사람이 그들을 괴롭히는 학대도 내가 보았으니 10 이제 내가 너를 바로에게 보내어 너에게 내 백성 이스라엘 자손을 애굽에서 인도하여 내게 하리라 11 모세가 하나님께 아뢰되 내가 누구이기에 바로에게 가며 이스라엘 자손을 애굽에서 인도하여 내리이까 12 하나님이 이르시되 내가 반드시 너와 함께 있으리라 네가 그 백성을 애굽에서 인도하여 낸 후에 너희가 이 산에서 하나님을 섬기리니 이것이 내가 너를 보낸 증거니라 13 모세가 하나님께 아뢰되 내가 이스라엘 자손에게 가서 이르기를 너희의 조상의 하나님이 나를 너희에게 보내셨다 하면 그들이 내게 묻기를 그의 이름이 무엇이냐 하리니 내가 무엇이라고 그들에게 말하리이까 14 하나님이 모세에게 이르시되 나는 스스로 있는 자이니라 또 이르시되 너는 이스라엘 자손에게 이같이 이르기를 스스로 있는 자가 나를 너희에게 보내셨다 하라 15 하나님이 또 모세에게 이르시되 너는 이스라엘 자손에게 이같이 이르기를 너희 조상의 하나님 여호와 곧 아브라함의 하나님, 이삭의 하나님, 야곱의 하나님이 나를 너희에게 보내셨다 하라 이는 나의 영원한 이름이요 대대로 기억할 나의 칭호니라 16 너는 가서 이스라엘의 장로들을 모으고 그들에게 이르기를 여호와 너희 조상의 하나님 곧 아브라함과 이삭과 야곱의 하나님이 내게 나타나 이르시되 내가 너희를 돌보아 너희가 애굽에서 당한 일을 확실히 보았노라 17 내가 말하였거니와 내가 너희를 애굽의 고난 중에서 인도하여 내어 젖과 꿀이 흐르는 땅 곧 가나안 족속, 헷 족속, 아모리 족속, 브리

스 족속, 히위 족속, 여부스 족속의 땅으로 올라가게 하리라 하셨다 하면 [18] 그들이 네 말을 들으리니 너는 그들의 장로들과 함께 애굽 왕에게 이르기를 히브리 사람의 하나님 여호와께서 우리에게 임하셨은즉 우리가 우리 하나님 여호와께 제사를 드리려 하오니 사흘길쯤 광야로 가도록 허락하소서 하라 [19] 내가 아노니 강한 손으로 치기 전에는 애굽 왕이 너희가 가도록 허락하지 아니하다가 [20] 내가 내 손을 들어 애굽 중에 여러 가지 이적으로 그 나라를 친 후에야 그가 너희를 보내리라 [21] 내가 애굽 사람으로 이 백성에게 은혜를 입히게 할지라 너희가 나갈 때에 빈손으로 가지 아니하리니 [22] 여인들은 모두 그 이웃 사람과 및 자기 집에 거류하는 여인에게 은 패물과 금 패물과 의복을 구하여 너희의 자녀를 꾸미라 너희는 애굽 사람들의 물품을 취하리라

 ## 말씀 돋보기 - 관찰

1 모세는 하나님의 산 호렙에서 무엇을 보았으며, 이것은 무엇을 상징하는가?(출 3:2-3)

불에 타지 않는 떨기나무, 하나님의 임재

 모세는 십보라와 결혼한 후 장인의 양을 치는 목자가 된다. 어느 날 양떼를 몰고 하나님의 산 호렙을 찾았을 때 기이한 현상을 목격한다. 떨기나무에 불이 붙었는데 나무는 타지 않는 것이다. 모세가 목격한 타지 않는 떨기나무와 불은 각각 상징적인 의미를 가진다. 불은 타오르는데 아무런 땔감을 필요로 하지 않는 것은 스스로 존재하시는 하나님의 임재를 상징한다. 피어 오르는 불에도 타지 않는 떨기나무는 이집트 사람들의 혹독한 박해에도 불구하고 굳건히 살아 온 이스라엘을 상징한다.

〈야곱과 모세의 공통점〉

핵심	공통점	야곱 이야기	모세 이야기
부르심	야곱과 모세의 이름을 두 차례 부르심	창 46:2	출 3:4
응답	"내가 여기 있나이다"	창 46:2	출 3:4
밝힘	주님은 그들의 조상의 하나님이심	창 46:3	출 3:6
약속	하나님이 이집트에서도 이들과 함께 하실 것	창 46:3	출 3:7-8
계획	내려갔다가 데리고 올라오겠다고 하심	창 46:4	출 3:8

2 하나님이 모세를 찾아 내려오신 목적은 무엇인가?(출 3:7-8)

이스라엘을 애굽에서 건져내어 젖과 꿀이 흐르는 땅으로 인도하기 위해서

하나님은 이스라엘 백성들이 이집트에서 당하는 고통에 대해 보고, 듣고, 알고 있다고 말씀하신다. 즉, 백성들의 신음 소리를 듣고 그들의 형편을 헤아리신 후에 내려오신 것이다. 하나님이 내려오신 목적은 이들을 고통의 땅 이집트에서 건져내어 젖과 꿀이 흐르는 땅으로 데려가기 위해서이다.

※ 내려오다

- 하나님이 바벨탑을 세운 사람들을 심판하실 때 사용(창 11:5).
- 하나님이 인류 역사와 일에 결정적으로 개입하심을 뜻함.
- 그분의 내려오심은 고통받는 자기 백성들에게는 구원의 손길이, 자기 백성을 울부짖게 하는 죄인들에게는 혹독한 심판이 임할 것을 예고.

3 하나님은 이스라엘을 젖과 꿀이 흐르는 땅으로 인도하실 것이라고 말씀하신다. 여기서 젖과 꿀은 무엇을 상징하는가?

땅의 풍요

하나님은 가나안 땅을 젖과 꿀이 흐르는 땅이라고 말씀하신다. 성경에서 젖은 대체로 '서민들의 소'라고 불리기도 하는 염소의 젖을 말하며, 꿀은 주로 대추야자 나무의 열매를 원료로 만든 시럽을 의미한다. 그러므로 젖은 목축업을, 꿀은 농업을 상징하며 젖과 꿀이 흐르는 땅은 목축업과 농업이 번성한 풍요로운 땅을 의미한다.

4 하나님의 부르심에 대한 모세의 반응 두 가지와 하나님의 처방 두 가지는 무엇인가?(출 3:11-14)

11절: 내가 누구이기에…

12절: 내가 너와 함께 있으리라

13절: 그의 이름을 물으면…

14절: 나는 스스로 있는 자이니라

〈모세의 소명 인터뷰〉

의문	모세의 반응	모세의 의도와 핑계	하나님의 처방
정체성	제가 무엇이라고(3:11)	자신의 위치와 능력의 한계를 의식	"내가 너와 함께 하리라"(3:12) : 모세가 아닌 임마누엘 하나님의 능력으로 구원 사역을 이룰 것임
지식	저는 지식이 부족합니다 (3:13)	하나님에 관한 지식의 부족	"나는 스스로 있는 자다"(3:14) : 하나님을 아는 것이 모세의 영적 권위가 될 것임
권위	나를 믿지 아니하며 내 말을 듣지 않을 것입니다(4:1)	이스라엘 백성에게 거부 당할 것을 염려	세가지 징표(기적) 1) 지팡이가 뱀으로 2) 나병이 손에 생겼다 없어짐 3) 나일강의 물이 피로 변함
능력	저는 능력이 부족합니다 (4:10)	말주변이 없음을 고백 1) 실제로 말을 더듬어서 2) 40년 동안 떠나 있는 이집트의 언어를 잊어서 3) 짐승들하고만 있었기 때문에 협상력과 외교술 부족 4) 사회 문화적 겸손	"누가 사람의 입을 지었느냐?"
무조건 거부	보낼만한 자를 보내소서 (4:13)	더 이상 연약함이나 문제의 핑계가 먹히지 않자 사명자체를 아예 거부	"입 다물고 떠나라!" : 아론과 함께 사역할 것임

하나님은 모세에게 "나는 스스로 있는 자이니라"라고 자신을 밝히신다. 이 문구는 하나님의 능력, 신실함, 그리고 임재를 부각하는 성호이다. 하나님은 창조의 능력과 세상의 모든 것을 존재하게 하는 힘을 지닌 신이시다.

또한 이 문구는 하나님의 이름 여호와와 깊은 연관성이 있다. "여호와"라는 이름은 이 문구의 중심 요소가 되는 "…이다" 동사의 3인칭 남성 단수에서 비롯되었으며 하나님의 영존성을 강조한다.

5 모세가 애굽으로 가서 해야 할 일은 구체적으로 무엇인가?(출 3:16-18)

16절: 장로들에게 하나님의 말씀을 전하는 일

18절: 바로를 찾아가 3일 동안 가야 하는 광야에서 하나님께 제사를 드리도록 허락을 받는 일

모세가 이집트에 도착해서 먼저 할 일은 장로들을 모아 하나님이 이스라엘의 고통을 보시고, 노예 생활에서 해방시키실 뿐만 아니라 젖과 꿀이 흐르는 땅 가나안으로 인도하실 것을 알려 주라는 것이다.

다음으로 모세는 장로들을 데리고 바로를 찾아가서 이스라엘 백성이 광야로 3일쯤 가서 그들의 하나님 여호와께 제사를 드릴 수 있도록 허락을 받아야 한다(18절).

하나님은 이 말씀을 통해 모세에게 미리 출애굽 사건의 전체적인 내용을 요약적으로 알려 주셨다. 또한 이스라엘이 이집트를 떠날 때 많은 보물을 얻어서 가리라는 것도 말씀하셨다(21-22절).

삶의 내비게이션 - 적용

1 당신이 예수님을 따르기로 결정하게 된 가장 큰 계기는 무엇인가?

예수님을 믿기로 작정했을 때 어떤 계기로 믿게 되었는지 서로 이야기를 나누어 본다. 외로운 상황에서 친구되시는 예수님을 만났을 수도 있다. 아픈 상황에서 고쳐 주시는 하나님을 만났을 수 있다. 가장 강하게 나를 이끌었던 요인은 무엇인지 말해 보도록 한다.

만일 모태신앙인 경우에는 하나님을 만나고 경험하게 된 상황에 대해 이야기를 나누어 보도록 한다.

2 이 세상에서 펼쳐지는 하나님의 사역은 하나님이 계획하시고 진행하시면서 모든 것을 이루시지만 항상 사람을 통해서 이루어 가신다. 당신이 하나님의 대행자 역할을 했던 경험에는 어떤 것이 있는가?

관찰문제 5번 참조. 하나님의 대행자 역할은 모세처럼 민족을 이끌어 내는 큰 사역에 관한 것일 수 있다. 그러나 어려운 친구에게 하나님의 사랑을 전하거나 예수님의 이름으로 하는 선행, 격려의 말, 권면 등도 하나님이 사람을 통해 자신의 계획을 이루어 가시는 한 방편이다. 하나님은 우리의 말과 행동, 사역의 모든 범위를 통해서 일하실 수 있다.

인도자는 각자가 하나님의 대행자 역할을 감당했던 경험에 대해 이야기를 나누도록 돕는다. 그것이 모세가 한 것같이 큰 일이 아니더라도 생활 속에서 예수님의 이름으로 실천하는 것들도 하나님이 사람을 통해서 일하시는 방법임을 말해 주고, 참가자들이 작은 경험이라도 말할 수 있도록 한다.

3 우리의 삶에는 하나님이 개입해 주시면 좋겠다고 생각되는 때가 있다. 당신은 어떤 때 그런 생각이 드는가?

관찰문제 2번 참조. 하나님이 이스라엘 백성들의 신음 소리를 듣고 그들의 형편을 헤아리신 후에 내려오셨다.

각자에게 하나님이 내려오셨으면 하는 때는 언제인지 서로 이야기를 나누어 보도록 한다. 이야기를 나누다 보면 서로의 어려운 형편과 또는 현재의 어려움에 대해 자연스럽게 말할 수 있다. 대체로 사람들은 좋고 행복할 때보다 어렵고 힘들 때 하나님이 오셨으면 좋겠다고 생각하기 마련이다. 그러므로 하나님이 직접 개입하셨으면 좋겠다는 때를 말함으로 서로의 어려움을 자연스럽게 이야기하고 그 어려움을 빛 가운데로 드러내도록 돕는다.

4 모세는 하나님의 부르심을 거부한다. 모세처럼 하나님이 부르실 때 당신이 거부한다면, 그렇게 하는 가장 큰 이유는 무엇인가?

관찰문제 4번 참조. 모세의 거부는 하나님과 모세 사이의 걸림돌이다. 그리고 해결해야 하는 문제이다.

각자 하나님과 자신 사이에 놓인 문제는 무엇인지 점검해 볼 수 있는 시간이다. 관찰문제 4번 Tip에 나오는 표에 비추어 각자가 하나님의 부르심을 거부하는 가장 큰 이유는 어디에 해당하는지 말하도록 하고, 그것에 대한 하나님의 처방은 무엇인지 스스로 점검해 보도록 한다.

다양한 이야기가 나올 수 있으므로 인도자는 모세의 변명에 비추어서 이야기를 나누도록 돕는다. 그렇게 함으로 현재 하나님과의 관계에서 잘못된 부분을 고치고, 사역의 걸림돌은 제거하도록 돕는다.

- 기도로 마무리한다.
- 제4주 관찰 문제를 예습해 오도록 한다.
- 실천 과제를 제시한다.

 ## 생활의 아로마 - 실천

예 1) 걸림돌을 제거하기 위해서 구체적인 계획을 짜고 실행할 수 있는 목록을 적어
　　　오도록 한다.
　　2) 한 주간도 하나님의 대행자로 살도록 한다.

재앙 시리즈

출애굽기 7:8-25

학습목표

1. 인간의 강퍅함으로 인해 회개하고 싶어도 회개할 수 없는 상황에 이를 수 있다는 사실을 알 수 있다.
2. 하나님의 기적은 하나님은 어떤 분이신가를 알 수 있는 기회이다.

KEYWORD 재앙, 완악함, 하나님의 손

Ⅰ. 찬양과 기도

Ⅱ. 지난주 실천 과제 나눔

Ⅲ. 복습문제 풀이

 복습

1 하나님의 부르심에 대한 모세의 반응 두 가지와 하나님의 처방 두 가지는 무엇인가?(출 3:11-14)

11절: 내가 누구이기에…

12절: 내가 너와 함께 있으리라

13절: 그의 이름을 물으면…

14절: 나는 스스로 있는 자이니라

7:8 여호와께서 모세와 아론에게 말씀하여 이르시되 9 바로가 너희에게 이르기를 너희는 이적을 보이라 하거든 너는 아론에게 말하기를 너의 지팡이를 들어서 바로 앞에 던지라 하라 그것이 뱀이 되리라 10 모세와 아론이 바로에게 가서 여호와께서 명령하신 대로 행하여 아론이 바로와 그의 신하 앞에 지팡이를 던지니 뱀이 된지라 11 바로도 현인들과 마술사들을 부르매 그 애굽 요술사들도 그들의 요술로 그와 같이 행하되 12 각 사람이 지팡이를 던지매 뱀이 되었으나 아론의 지팡이가 그들의 지팡이를 삼키니라 13 그러나 바로의 마음이 완악하여 그들의 말을 듣지 아니하니 여호와의 말씀과 같더라 14 여호와께서 모세에게 이르시되 바로의 마음이 완강하여 백성 보내기를 거절하는도다 15 아침에 너는 바로에게로 가라 보라 그가 물 있는 곳으로 나오리니 너는 나일 강 가에 서서 그를 맞으며 그 뱀 되었던 지팡이를 손에 잡고 16 그에게 이르기를 히브리 사람의 하나님 여호와께서 나를 왕에게 보내어 이르시되 내 백성을 보내라 그러면 그들이 광야에서 나를 섬길 것이니라 하였으나 이제까지 네가 듣지 아니하도다 17 여호와가 이같이 이르노니 네가 이로 말미암아 나를 여호와인 줄 알리라 볼지어다 내가 내 손의 지팡이로 나일 강을 치면 그것이 피로 변하고 18 나일 강의 고기가 죽고 그 물에서는 악취가 나리니 애굽 사람들이 그 강 물 마시기를 싫어하리라 하라 19 여호와께서 또 모세에게 이르시되 아론에게 명령하기를 네 지팡이를 잡고 네 팔을 애굽의 물들과 강들과 운하와 못과 모든 호수 위에 내밀라 하라 그것들이 피가 되리니 애굽 온 땅과 나무 그릇과 돌 그릇 안에 모두 피가 있으리라 20 모세와 아론이 여호와께서 명령하신 대로 행하여 바로와 그의 신하의 목전에서 지팡이를 들어 나일 강을 치니 그 물이 다 피로 변하고 21 나일 강의 고기가 죽고 그 물에서는 악취가 나니 애굽 사람들이 나일 강 물을 마시지 못하며 애굽 온 땅에는 피가 있으나 22 애굽 요술사들도 자기들의 요술로 그와 같이 행하므로 바로의 마음이 완악하여 그들의 말을 듣지 아니하니 여호와의 말씀과 같더라 23 바로가 돌이켜 궁으로 들어가고 그 일에 관심을 가지지도 아니하였고 24 애굽 사람들은 나일 강 물을 마실 수 없으므로 나일 강 가를 두루 파서 마실 물을 구하였더라 25 여호와께서 나일 강을 치신 후 이레가 지나니라

 ## 말씀 돋보기 - 관찰

1 모세와 애굽 요술사들은 같은 일을 행하지만 결과에는 현저한 차이를 보인다. 그것은 무엇인가?(출 7:12)

모세의 지팡이가 애굽 요술사들의 지팡이를 삼켜버림

 모세의 지팡이가 애굽 요술사들의 지팡이를 삼켜버린다. 하이집트(Lower Egypt)의 수호신은 코브라 여신이었다. 모세의 지팡이가 바로가 지명한 이집트 사람들의 지팡이를 삼킨다는 것은 바로의 권위가 무너질 것을 예고하는 것이다. 바로의 요술사들이 어떤 요술을 부렸는지 알 수 없지만 창조주 앞에서는 그 힘이 오래 지속될 리 없다. 여호와께서 모세의 지팡이를 뱀으로 변하게 하신 것은, 창조주 하나님으로서 자신은 피조물을 필요에 따라 언제든지 변화시킬 수 있는 능력자임을 온 세상에 드러내시기 위해서이다. 앞으로 일어날 열 재앙처럼 이 사건도 기적을 행하는 일 자체가 목적이 아니라 기적을 행하시는 하나님이 어떤 분이신가를 알리는 데 목적이 있다.

※ 지팡이와 뱀

지팡이 – 고대 이집트에서 왕적 권위와 능력을 상징.

뱀 – 고대 이집트 왕의 왕관이 수호신을 상징하는 코브라 모양을 하고 있음.
　　　신적 보호와 권능을 의미, 왕을 대적하는 자들에게 죽음을 경고.

2 첫 번째 재앙으로 나일강을 친 이유는 무엇인가?(출 7:18, 21)

나일강은 애굽의 삶에 가장 중요한 물과 식량을 공급해 주기 때문

 이 재앙은 애굽 사람들의 우상이었던 나일강을 공격함으로써 애굽 사람들의 종교가 허위임을 드러내고자 하는 의도가 포함되어 있다. 나일강은 '애굽의 생명줄'이라 해도 과언이 아니다. **애굽의 삶에 나일강이 공급해 주는 물 자체도 매우 중요하지만 나일강에 사는 많은 물고기는 그들의 식생활에 매우 중요한 자리**를 차지했다. 평소에는 '생명의 냄새'로 가득하던 나일강이 이 재앙으로 인해 '죽음의 냄새'가 가득했다.

하나님의 첫 번째 재앙은 애굽 사람들의 관심을 집중시키기에 충분했다. 또한 애굽을 친 첫 재앙이 물을 통해 왔다는 것은 앞으로 애굽 군대가 홍해에

빠져 죽게 될 일을 암시한다. 첫 번째 재앙으로 나일강을 치는 것은 우연이 아니라 무자비하게 히브리 아이들의 생명을 앗아간 애굽 왕에 대한 하나님의 보복 차원에서의 심판이 시작되고 있음을 시사한다.

3 저자는 바로의 마음을 어떻게 표현하고 있는가?(출 7:13, 14, 22)

완악하다

저자는 바로의 마음이 완악하여 모세의 말을 듣지 않았다고 기록한다. 출애 굽기는 바로의 강팍함/강팍해짐/강팍하게 됨에 대해 스무 번 언급한다. 그 중 열 번은 바로가 스스로 마음을 강팍하게 했으며(출 7:13, 14, 22; 8:11, 15, 28; 9:7, 34, 35; 13:5), 열 번은 하나님이 그를 강팍하게 하신 것으로 묘사한다(4:21; 7:3; 9:12; 10:1, 20, 27; 11:10; 14:4, 8, 17). 처음에는 바로가 스스로 마음을 강팍하게 했지만 시간이 지남에 따라 하나님이 그의 마음을 강팍하게 하심으로, 어느 순간부터는 바로가 그러지 않으려고 해도 강팍할 수밖에 없어졌다.

4 바로의 강팍함의 결과는 무엇인가?(출 7:13, 22)

바로는 열 재앙이 끝날 때까지 회개하고 싶어도 회개할 수 없었다

하나님은 열 가지 재앙이 애굽에 다 내려질 때까지 바로의 회심을 허락하지 않으신다(롬 9:18; 민 21:22–23; 신 2:30). 우리는 보통 회개가 언제든지 가능하다고 생각한다. 이론적으로는 옳은 말이다. 회개는 언제든지 가능하다. 아무리 흉악한 죄를 지었다 할지라도 진정한 회개의 기도를 드리면 용서를 받을 수 있다. 그러나 현실적으로 볼 때 어느 선을 넘어가면 회개는 불가능하다. 더 이상 죄를 용서받을 수 있는 기도를 드릴 수 없거나, 회개의 필요성을 느끼지 못하기 때문이다. 또한 바로처럼 때로는 하나님이 죄인을 심판하기 위해 더 이상 그가 회개하지 못하도록 막으시기도 한다.

〈열 재앙〉

재앙	내용	관련된 이집트 신	비고
1	나일강이 피로 변함 (7:14–25)	크눔: 나일강의 수호신 하피: 나일강의 영 오시리스: 이 신의 핏줄이 나일강을 형성함	나일강은 이집트의 생명줄이다. 앞으로 다가올 재앙들의 심각성을 예고하고 있다. 자연을 지배하시는 하나님의 능력이 강조되고 있다.

재앙	내용	관련된 이집트 신	비고
2	개구리 (8:1–15)	헤케트: 부활, 생명을 주는 신, 산모의 신	이집트의 마법사들도 개구리는 만들어 내지만 대책이 없다. 바로가 처음으로 모세에게 도움을 요청한다. 그가 여호와 하나님을 인정하기 시작한다. 이스라엘을 보내겠다고 한다.
3	이 (8:16–19)	이와 연관된 신은 없으나, 이가 티끌과 연관된 '게브'라는 신이 있음	이집트 마술사들이 따라하지 못하며, 이 재앙을 '하나님의 손가락'이라 시인한다.
4	파리떼 (8:20–32)	케프리: 풍뎅이 모습을 한 신으로 해의 하루 일정을 관리하는 것으로 간주됨	이 재앙부터 이집트 사람과 이스라엘 백성이 구분된다. 고센 지역에는 파리 떼의 피해가 없다. 고센의 위치는 정확하게 밝혀지지 않았다. 다만 나일 델타의 동쪽 지역에 있었던 것으로 추정된다. 이스라엘 백성이 구분되는 것을 히브리 원어로 '구원'으로 표현한다. 바로가 이집트를 벗어나지 않는 조건으로 떠나라고 한다.
5	악질 가축병 (9:1–7)	하토르: 암소의 모습을 한 신들의 어머니 아피스: '타'라는 신이 부리는 황소 신이며, 자손 번식의 신 음네비스: 황소의 모습을 한 헬레오폴리스의 수호신	
6	독종 (9:8–12)	임호텝: 치료신	모세가 풀무의 재를 날림으로 시작한다. 마법사들도 모세 앞에 서지 못한다. 모방은 고사하고 쫓겨난다.
7	우박 (9:13–35)	누트: 하늘을 지키는 여신 이시스: 생명을 주는 여신 세트: 곡식 보호신	
8	메뚜기떼 (10:1–20)	이시스: 생명을 주는 여신 세트: 곡식 보호신 세라피아: 메뚜기 떼에서 보호하는 신	메뚜기는 매일 자신의 몸무게만큼 먹어 치운다. 바로가 모세와 아론을 지켜워하기 시작한다. 이집트 사람들도 바로를 나무란다.
9	3일간의 흑암 (10:21–29)	레, 아톤, 아툼, 호루스: 태양과 연관된 신들 바로: 태양신의 아들로 간주됨	'더듬을 만한 흑암'(10:21)은 이 재앙이 공기 중에 있는 먼지에 의해 형성되었음을 의미한다.

재앙	내용	관련된 이집트 신	비고
10	장자의 죽음 (11:1-10)	바로: 장자는 신으로 생각됨 오시리스: 생명/죽음을 주는 신 타우르트: 처음에는 출생을 관리하는 여신, 나중에는 집을 보호하는 수호신	아홉째 재앙으로 바로의 '아버지' 태양신이 패배했다. 이번에는 바로의 '아들' 장자가 심판을 받는다. 이 사건은 바로의 인격, 왕권, 신성에 치명타를 입힌다.

 ## 삶의 내비게이션 - 적용

1 바로는 스스로, 그리고 하나님에 의해 마음이 강퍅해진다. 당신에게 죄의 올가미로 더 이상 돌이킬 수 없었던 경험에는 무엇이 있는가?

관찰문제 3, 4번 참조. 처음에는 바로가 그의 마음을 강퍅하게 했지만 시간이 흐르고 재앙이 계속될수록 바로의 강퍅함은 스스로도 조절할 수 없는 상태에 이른다. 이와 같이 죄는 올가미가 되어서 어느 순간에는 회개하고 싶어도 회개의 기도를 할 수 없거나, 필요성을 느끼지 못하는 돌이킬 수 없는 상황까지 이르게 한다. 속담에도 바늘 도둑이 소도둑이 된다는 말이 있다. 작은 거짓말이 더 큰 거짓말을 낳는 경우도 허다하다.

각자 작게 시작하였다가 나중에는 돌이킬 수 없게된 잘못들에 대해 이야기 나누어 보도록 한다. 인도자는 바로와 같이 큰 죄를 찾기보다 작지만 어려움을 모면하려다가 나중에는 해결하기 어려워졌던 경험들을 찾아 나누도록 돕는다.

2 바로는 진짜와 가짜를 구별하는데 관심이 없다. 그는 자신이 믿고 싶은 사실만 골라서 진실이라고 스스로를 속인다. 당신이 신앙생활에서 진짜와 가짜를 구별하는 방법은 무엇인가?

관찰문제 1번 참조. 바로는 모세의 지팡이가 뱀으로 변한 것과 바로의 현인과 마술사들의 지팡이가 뱀으로 변한 것의 차이에는 관심이 없다. 무엇이 진짜이고, 무엇이 가짜인지 관심이 없는 것이다. 우리에게도 간혹 진짜와 가짜를 구별하는 데는 관심이 없고 그저 눈에 보기에 좋으면 그만이라고 생각하는 경향이 있다. 미국 조폐국에서 위조지폐 구별은 다양한 가짜를 연구하는 것이 아니라 진짜를 확실히 아는 데서 출발한다. 진짜와 가짜를 구별하려면 진짜가 무엇인지 알아야 한다. 지금 우리는 이

단이 너무도 많은 시대를 살아가고 있다. 이럴 때 이단에 대해 연구하겠다고 쫓아다니는 것보다는 하나님의 말씀을 깊이 연구하여 하나님을 아는 지식을 바로 갖는 것이 필요하다.

각자가 알고 있는 유명 상품의 진품 구별법에 대해 서로 이야기를 나누어 보도록 한다. 그리고 하나님을 아는 지식을 바르게 가지는 방법들에 대해서도 이야기 나누어 본다. 명품의 진품은 구별할 줄 알면서 이단과 기독교를 구별하지 못한다면 안타까운 일이다.

인도자는 명품 구별법으로만 이야기가 치우치지 않도록 돕는다.

3 기적은 행하는 것 자체에 목적이 있는 것이 아니라 기적을 행하시는 하나님이 어떤 분인가를 알리는 데 목적이 있다. 당신이 기도 응답 받은 것으로 자만했던 경험이 있으면 이야기해 보자.

관찰문제 1, 2번 참조. 지팡이가 뱀으로 변하고, 나일강이 피로 변하는 이러한 기적들은 창조주 하나님이 피조물들을 언제든지 변화시킬 수 있는 능력자임을 나타내시는 일이다. 그러므로 하나님이 기적을 행하시는 것은 그 기적 자체에 큰 의미가 있는 것이 아니라 하나님이 어떤 분이신가를 나타내는 데 목적이 있다. 그러나 우리는 기적 그 자체에 흥분하고, 기적과 기도응답을 경험했다는 사실만으로 자신을 과대 평가하는 경우가 많다.

각자 기적이나 기도 응답 뒤에 교만해지거나 자만했던 경험들이 있다면 이야기를 나누어 보도록 한다. 그리고 기적이나 하나님의 응답에 어떻게 대처하는 것이 바른 자세인지 말해 보도록 한다.

- 기도로 마무리한다.
- 제5주 관찰 문제를 예습해 오도록 한다.
- 실천 과제를 제시한다.

 생활의 아로마 - 실천

예 1) 진품이신 하나님을 더 알기 위해 매일 성경을 읽도록 한다.

　 2) 죄이면서 시작하면 끝까지 헤어나지 못하는 것이 있다면 빨리 멈추고 돌아서도록 한다.

유월절의 유래

출애굽기 12:21-36

학습목표

1. 하나님의 절기를 기념해야 하는 이유를 알 수 있다.
2. 하나님의 방법에 순종할 때 베푸시는 하나님의 구원을 경험할 수 있다.

KEYWORD 유월절, 기념, 순종

Ⅰ. 찬양과 기도

Ⅱ. 지난주 실천 과제 나눔

Ⅲ. 복습문제 풀이

 복습

1 첫 번째 재앙으로 나일강을 친 이유는 무엇인가?
   (출 7:18, 21)

   나일강은 애굽의 삶에 가장 중요한 물과 식량을 공급해 주기 때문

12:21 모세가 이스라엘 모든 장로를 불러서 그들에게 이르되 너희는 나가서 너희의 가족대로 어린 양을 택하여 유월절 양으로 잡고 22 우슬초 묶음을 가져다가 그릇에 담은 피에 적셔서 그 피를 문 인방과 좌우 설주에 뿌리고 아침까지 한 사람도 자기 집 문 밖에 나가지 말라 23 여호와께서 애굽 사람들에게 재앙을 내리려고 지나가실 때에 문 인방과 좌우 문설주의 피를 보시면 여호와께서 그 문을 넘으시고 멸하는 자에게 너희 집에 들어가서 너희를 치지 못하게 하실 것임이니라 24 너희는 이 일을 규례로 삼아 너희와 너희 자손이 영원히 지킬 것이니 25 너희는 여호와께서 허락하신 대로 너희에게 주시는 땅에 이를 때에 이 예식을 지킬 것이라 26 이 후에 너희의 자녀가 묻기를 이 예식이 무슨 뜻이냐 하거든 27 너희는 이르기를 이는 여호와의 유월절 제사라 여호와께서 애굽 사람에게 재앙을 내리실 때에 애굽에 있는 이스라엘 자손의 집을 넘으사 우리의 집을 구원하셨느니라 하라 하매 백성이 머리 숙여 경배하니라 28 이스라엘 자손이 물러가서 그대로 행하되 여호와께서 모세와 아론에게 명령하신 대로 행하니라 29 밤중에 여호와께서 애굽 땅에서 모든 처음 난 것 곧 왕위에 앉은 바로의 장자로부터 옥에 갇힌 사람의 장자까지와 가축의 처음 난 것을 다 치시매 30 그 밤에 바로와 그 모든 신하와 모든 애굽 사람이 일어나고 애굽에 큰 부르짖음이 있었으니 이는 그 나라에 죽임을 당하지 아니한 집이 하나도 없었음이었더라 31 밤에 바로가 모세와 아론을 불러서 이르되 너희와 이스라엘 자손은 일어나 내 백성 가운데에서 떠나 너희의 말대로 가서 여호와를 섬기며 32 너희가 말한 대로 너희 양과 너희 소도 몰아가고 나를 위하여 축복하라 하며 33 애굽 사람들은 말하기를 우리가 다 죽은 자가 되도다 하고 그 백성을 재촉하여 그 땅에서 속히 내보내려 하므로 34 그 백성이 발교되지 못한 반죽 담은 그릇을 옷에 싸서 어깨에 메니라 35 이스라엘 자손이 모세의 말대로 하여 애굽 사람에게 은금 패물과 의복을 구하매 36 여호와께서 애굽 사람들에게 이스라엘 백성에게 은혜를 입히게 하사 그들이 구하는 대로 주게 하시므로 그들이 애굽 사람의 물품을 취하였더라

 말씀 돋보기 - 관찰

1 모세가 이스라엘의 모든 장로를 불러서 지시한 유월절 준비는 무엇인가?(출 12:21-22)

a) 유월절 양을 잡는다

b) 우슬초 묶음을 피에 적셔 그 피를 문 인방과 좌우 설주에 뿌린다

c) 아침까지 한 사람도 자기 집 문 밖에 나가지 않는다

모세는 가족대로 어린 양을 택하여 유월절 양을 잡고, 우슬초 묶음을 피에 적셔 그 피를 문 인방과 좌우 설주에 뿌리고 아침까지 한 사람도 집 문 밖에 나가지 말라고 지시한다. 하나님이 보내실 죽음의 사자들이 문설주에 피가 묻어 있는 집은 그냥 지나치고, 문설주에 피가 없는 집의 장자와 가축의 처음 난 것을 죽였다. 문설주에 발라진 마른 피 자체에 마력이 있어서가 아니다. 하나님의 말씀을 믿고 순종하는 그 집 사람들의 믿음이 문설주에 발라진 피로 표현된 것이기 때문이다. 문설주에 발라진 피는 믿는 자들의 간증이었던 것이다. 신약의 저자들은 예수님을 '유월절 어린 양'으로 표현한다.

2 유월절을 기념해야 할 이유는 무엇인가?(출 12:26-27)

은혜를 입은 자들이 입은 은혜를 기념하며 은혜를 베푸신 자에게 감사하는 것은 당연한 일이기 때문

유월절은 여호와께서 애굽 사람에게 재앙을 내리실 때에 애굽에 있는 이스라엘 자손의 집을 넘어서(유월) 구원하신 것을 기념하는 절기이다. 이스라엘 역사에 가장 큰 영향을 미친 출애굽 사건을 기념하는 유월절이 가정 중심의 절기였다는 것은 매우 큰 의미를 갖고 있다.

※ 유월절을 기념해야 하는 이유

1) 베푸신 분께 감사 – 은혜를 입은 자들이 입은 은혜를 기념하며 은혜를 베푸신 자에게 드리는 감사

2) 미래에 대한 확신 – 지난 날 입은 은혜를 기념하면서 현실에 대한 불안감과 미래에 대한 불확실함을 없앤다.

3) 믿음의 유산 전승 – 자녀들에게 베푸신 은혜를 전하는 규례

3 애굽에 임한 열 번째 재앙은 무엇인가?(출 12:29)

바로의 장자로부터 옥에 갇힌 사람의 장자까지와 가축의 처음 난 것의 죽음

애굽 땅에서 모든 처음 난 것 곧 왕위에 앉은 바로의 장자로부터 옥에 갇힌 사람의 장자까지와 가축의 처음 난 것이 다 죽었다. 이 재앙은 다른 재앙들과

많은 차이점이 있다. 다른 재앙들은 일종의 엑스트라였으며, 이 재앙이야말로 주인공 역할을 하고 있다. 이 재앙으로 하나님을 대적했던 바로는 그가 가장 아끼고 사랑했던 장자를 잃었다.

4 이 재앙에서 하나님을 대적했던 바로는 그가 가장 사랑했던 장자를 잃었다. 밤에 바로가 모세와 아론을 불러 명령한 것은 무엇인가? (출 12:31-32)

a) 이스라엘 자손은 떠나라

b) 나를 위하여 축복하라

 바로는 모세와 아론을 불러 이스라엘 자손과 함께 빨리 애굽을 떠나라고 명령한다. 지금까지 모세와 아론이 요구했던 모든 조건을 수용하였다. 또한 바로는 떠나는 모세와 아론에게 "나를 위하여 축복하라"라고 말했다. 이 발언은 비웃음도 거짓도 섞이지 않았다. 바로는 여호와에 대한 두려움과 공포에 휩싸여 하나님을 경외하게 되었다.

5 이스라엘 백성들의 태도는 어떻게 변화되었는가?(출 12:27-28)

원망과 저주가 경배와 순종으로 바뀌었다.

 바로의 핍박으로 모세와 아론에게 원망과 저주가 가득했던 백성들은(5:21) 이제 머리 숙여 여호와께 경배하며 모세와 아론의 명령에 순종할 것을 다짐한다. 이스라엘 백성들의 태도에 확연한 변화가 생긴 것이다.

 ## 삶의 내비게이션 - 적용

1 유월절은 온 가족이 함께하는 절기였다. 온 가족이 모여서 교제하며 하나님의 은혜와 구원에 대해 이야기 꽃을 피우고, 이 절기의 유례에 대해 자녀들을 가르치며 밤을 새웠을 것이다. 당신의 가족들이 다함께 즐기는 절기에는 무엇이 있는가?

관찰문제 2번 참조. 이스라엘의 유월절은 청소하고, 음식을 준비하고 가족이 함께 모이는 부분에서 우리나라의 명절과 비슷한 부분이 있다. 그러나 모여서 하는 일에는 차이가 있을 것이다.

각자 가족들이 다 함께 모이는 절기에 대해 이야기를 나누어 보도록 한다. 그것이 설날과 추석과 같은 명절일 수도 있다. 어버이날이나 부모님의 기일이나, 가족의 생일일 수도 있다. 자기 가족에게만 있는 특별한 기념일이 있을 수도 있다.

또, 함께 모여서 주로 무엇을 하는지도 말해 보도록 한다. 그리고 유월절에 유대인들이 모여서 행했던 일과 비교해 보고 앞으로의 모임의 방향에 대해 이야기를 나누도록 한다.

2 이스라엘은 아직도 유월절에 자녀들에게 유월절의 의미에 대해 가르친다. 당신은 가정에서 아이들과 신앙에 대해 어떤 이야기를 나누는가?

관찰문제 2번 참조. 이스라엘은 유월절을 믿음의 유산을 전승하는 기회로 삼았다. 그래서 하나님의 은혜에 감사하고 지난 날을 기념하면서 미래에 대해 확신을 갖도록 돕는 시간을 가졌다.

각자의 가정에서 아이들과 신앙에 대해 어떤 이야기를 나누는지 이야기해 본다. 만일 참가자 중에 자녀들과 혹은 부모님과 신앙에 대해 이야기를 나누지 않는 사람이 있다면, 그런 시간을 가질 것을 결심하도록 인도자는 돕는다. 그리고 신앙에 대해 이야기를 나눌 때는 관찰문제 2번의 유월절을 기념해야 하는 이유를 참고하여 이야기를 준비하고 나누도록 한다.

3 하나님을 비웃던 바로가 모세와 아론에게 축복을 빌어달라고 한다. 당신은 누구에게 하나님의 축복을 빌어달라고 하며, 누구의 축복을 하나님께 기원하는가?

관찰문제 4번 참조. 바로는 이스라엘에게 떠나라고 하면서 모세와 아론에게 여호와 하나님의 축복을 원하고 있다. 하나님을 비웃던 바로가 하나님을 인정하는 부분이다.

각자가 누구에게 하나님의 축복을 빌어 달라고 말하는지 이야기를 나누어 본다. 물론 교회의 지도자들이 대부분일 것이다. 부모님과 멘토(조언자)일 수도 있다. 서로의 이야기를 나누어 보고 왜 그분에게 하나님의 축복을 빌어달라고 하는지에 대해서도 이야기를 나누어 본다.

그리고 각자가 누구를 위해 하나님의 축복을 기원하는지도 이야기 나누어 본다. 부모, 자녀, 선후배, 동료, 새가족 등 다양한 이야기가 나올 수 있다.

인도자는 참가자 중에 자신을 축복해 줄만한 사람과 또 자신이 축복을 빌어 주어야
하는 사람이 없는 경우가 있다면 이에 대해 생각하게 하고 실천할 수 있도록 돕는다.

4 이스라엘 백성들의 하나님에 대한 원망이 경배와 순종으로 바뀐다.
하나님을 향한 당신의 태도 중 바꾸어야 하는 것은 무엇이 있는가?

관찰문제 5번 참조. 하나님의 일은 하나님의 뜻과 방법과 때에 이루어지더라도 그것
이 순조롭게만 진행되는 것은 아니다. 모세와 백성들의 경우에도 그러했다. 모세는
하나님의 약속과 계획을 하나님께 들어서 알고 있었지만, 백성들의 원망을 막지는
못했다. 그러나 하나님이 일을 진행하시면서 백성들의 태도 또한 변하게 된다.

각자의 삶에서도 마찬가지일 것이다. 하나님의 뜻과 방법과 때라고 생각하고 하나님
의 일을 하지만 그것이 잘 풀리지 않을 때도 있다. 또 오랜 기간 기도해도 응답되지
않을 때도 있다. 하나님의 은혜라고 생각했지만 일이 더 어려워지는 경우도 있다. 그
럴 때 인간의 입술에서는 원망과 불평이 나오기 마련이다. 각자의 생활 속에서 하나
님을 향한 태도에서 바꾸어야 하는 것에는 무엇이 있는지 이야기를 나누어 보도록
한다.

예) 불평, 원망, 참지 못함, 시기, 질투, 성냄, 게으름, 미련함 등

- 기도로 마무리한다.
- 제6주 관찰 문제를 예습해 오도록 한다.
- 실천 과제를 제시한다.

 생활의 아로마 - 실천

예 1) 하나님을 향한 나의 자세를 점검하도록 한다.
2) 일주일 동안 아이들과 신앙에 대해 이야기하도록 한다.
 – 자녀가 없는 경우는 신앙의 멘토로 존경할만한 사람과 현재 근황에 대해 이
야기를 나누도록 한다.

출발!

출애굽기 13:7–14:4

학습목표

1. 하나님의 방법에 순종하면 더 큰 은혜로 함께 하신다는 사실을 알 수 있다.
2. 하나님은 하나님의 백성들을 구름 기둥과 불 기둥으로 돌보신다는 사실을 알 수 있다.

KEYWORD 구름 기둥, 불 기둥

Ⅰ. 찬양과 기도

Ⅱ. 지난주 실천 과제 나눔

Ⅲ. 복습문제 풀이

 복습

1 유월절을 기념해야 할 이유는 무엇인가?(출 12:26-27)

은혜를 입은 자들이 입은 은혜를 기념하며 은혜를 베푸신 자에게 감사하는 것은 당연한 일이기 때문

¹³:¹⁷ 바로가 백성을 보낸 후에 블레셋 사람의 땅의 길은 가까울지라도 하나님이 그들을 그 길로 인도하지 아니하셨으니 이는 하나님이 말씀하시기를 이 백성이 전쟁을 하게 되면 마음을 돌이켜 애굽으로 돌아갈까 하셨음이라 ¹⁸ 그러므로 하나님이 홍해의 광야 길로 돌려 백성을 인도하시매 이스라엘 자손이 애굽 땅에서 대열을 지어 나올 때에 ¹⁹ 모세가 요셉의 유골을 가졌으니 이는 요셉이 이스라엘 자손으로 단단히 맹세하게 하여 이르기를 하나님이 반드시 너희를 찾아오시리니 너희는 내 유골을 여기서 가지고 나가라 하였음이더라 ²⁰ 그들이 숙곳을 떠나서 광야 끝 에담에 장막을 치니 ²¹ 여호와께서 그들 앞에서 가시며 낮에는 구름 기둥으로 그들의 길을 인도하시고 밤에는 불 기둥을 그들에게 비추사 낮이나 밤이나 진행하게 하시니 ²² 낮에는 구름 기둥, 밤에는 불 기둥이 백성 앞에서 떠나지 아니하니라 ¹⁴:¹ 여호와께서 모세에게 말씀하여 이르시되 ² 이스라엘 자손에게 명령하여 돌이켜 바다와 믹돌 사이의 비하히롯 앞 곧 바알스본 맞은편 바닷가에 장막을 치게 하라 ³ 바로가 이스라엘 자손에 대하여 말하기를 그들이 그 땅에서 멀리 떠나 광야에 갇힌 바 되었다 하리라 ⁴ 내가 바로의 마음을 완악하게 한즉 바로가 그들의 뒤를 따르리니 내가 그와 그의 온 군대로 말미암아 영광을 얻어 애굽 사람들이 나를 여호와인 줄 알게 하리라 하시매 무리가 그대로 행하니라

말씀 돋보기 - 관찰

1 하나님이 이스라엘을 블레셋 사람의 길로 인도하지 않으신 이유는 무엇인가?(출 13:17)

이스라엘이 블레셋과 전쟁을 하게 되면 다시 애굽으로 돌아갈까 염려되어

이스라엘이 블레셋과 전쟁을 하게 되면 다시 애굽으로 돌아갈까 염려되어 하나님은 다른 길로 인도하셨다. 애굽에서 가나안으로 가는 지름길은 지중해 해안을 중심으로 놓였던 '왕의 대로'를 따라 가는 것이었다. 이 길의 총 길이는 1,600㎞에 이르며 소아시아와 메소포타미아 지역까지 연결하는 상업 도로였다. 그러나 이 길에는 길목마다 그 지역 나라의 주둔군이 배치되어 있었기에 이스라엘이 그 길을 따라갔다면 당연히 크고 작은 전쟁을 치를 수 밖에

없었을 것이다. 그렇게 되면 이스라엘 백성들은 전쟁을 피해 애굽으로 돌아가고자 할 것이다. 여호와께서는 이러한 상황을 염려해 일부러 광야 쪽으로 그들을 인도하셨다(17절).

2 애굽에서 나올 때 이스라엘 사람들이 지킨 요셉의 유언은 무엇인가?
(출 13:19)

애굽을 떠날 때 요셉의 유골을 가지고 나왔다

애굽을 떠나던 이스라엘 사람들은 요셉의 유언대로 그의 유골을 가지고 나왔다(19절; 창 50:24-25). 17세에 애굽으로 팔려갔던 요셉이 400여 년의 세월이 흐른 뒤에 드디어 꿈에 그리던 약속의 땅에 묻히게 되는 것이다. 여호수아는 훗날 요셉의 유골을 세겜에 안치한다(수 24:32). 살아있는 동안 형제들에게 형제로 환영 받지 못해 평생 외로운 삶을 살다간 요셉이 죽어서나마 조상들과 부모가 묻힌 약속의 땅에 받아들여진 것이다.

3 여호와께서 이스라엘을 앞서 가시며 인도하시는 방법은 무엇인가?
(출 13:21-22)

낮에는 구름 기둥으로 밤에는 불 기둥으로 그들을 보호하셨다

여호와께서는 이스라엘의 행렬이 낮의 뜨거운 불볕이나 밤의 살을 에는 추위에도 해를 받지 않도록 구름 기둥과 불 기둥으로 그들을 보호하셨다(21절). 오늘날의 개념으로 말하면 구름 기둥은 냉방기, 불 기둥은 난방기 역할을 했던 것이다. 처음부터 끝까지 모든 것을 책임지시고 섬세한 돌보심으로 이스라엘과 함께 하신 여호와의 사랑을 목격할 수 있는 부분이다. 또한 하나님의 임재를 상징하는 구름 기둥과 불 기둥은 자기 백성과 함께 하시는 하나님이 물리적으로 더 가까이 다가오셨음을 의미한다.

4 이스라엘이 비하히롯 앞 바알스본 맞은편 바닷가에 장막을 친 이유는 무엇인가?(출 14:1-4)

하나님은 이스라엘이 마치 광야에서 방황하는 것처럼 보이도록 하셔서 바로의 군대를 광야로 이끌어 내셨다

 하나님의 인도를 받으며 이스라엘은 오던 길을 되돌아가서 믹돌과 바다 사이의 비하히롯 앞 곧 바알스본 맞은편 바닷가에 장막을 쳤다(14:2). 이스라엘의 이동 경로는 바로가 보기에 길을 잃고 갈팡질팡하는 것처럼 보였을 것이다(3절). 그것은 애굽에서 볼 때 광야로 도망가던 이스라엘이 다시 이집트 쪽으로 되돌아 오는 모습으로 보였다. 이렇게 하나님은 이스라엘이 마치 광야에서 방황하는 것처럼 보이도록 만드셔서 바로의 군대를 광야로 이끌어 내셨던 것이다. 이 일로 인해 강팍한 바로는 최후의 일격을 당할 것이고, 온 세상은 여호와가 하나님이심을 알게 될 것이다(4절).

 ## 삶의 내비게이션 - 적용

1 하나님은 가나안으로 가는 짧고 신속한 길을 놔두고 일부러 광야로 가는 길을 택하셨다. 이스라엘이 애굽으로 되돌아갈 것을 염려해서이다. 당신도 짧고 신속한 길로 갈 수 있었는데도 먼 길로 돌아간 경험이 있는가? 하나님이 왜 그렇게 하셨다고 생각하는가?

관찰문제 1번 참조. 하나님의 염려대로 이스라엘은 애굽에서의 생활을 그리워하며 돌아가려고 한다(민 14:3,14).

각자의 생활에서도 분명 빠른 길을 알고 있는데 자꾸 돌아가게 되는 경우가 있을 것이다. 돌아보니 쉽고 빠른 길이 있음에도 돌아가게 하셨던 하나님을 기억하면서 왜 그렇게 하셨는가에 대해 서로 이야기를 나누어 보도록 한다.

인도자는 각자의 경험을 진술하게 나누도록 한다. 물론 그 순간에는 그것이 빠른 길인지, 돌아가는 길인지도 몰랐을 수 있다. 그 원인은 하나님께 있는 것이 아니라 사람에게 있다는 사실을 기억하게 하고, 서로 피드백을 나누도록 한다.

2 당신의 인생의 여정에서 불 기둥과 구름 기둥처럼 외로움을 따뜻하게, 답답함을 시원하게 해 주는 사람이나 사건을 경험한 적이 있는가?

관찰문제 3번 참조. 이스라엘의 광야 길은 하나님의 구름 기둥과 불 기둥이 없었다면 가기 힘든 길이었다. 그러나 낮에는 시원한 구름 기둥이 에어컨으로, 밤에는 따뜻한 불 기둥이 난방기 역할을 해 주어서 편하게 갈 수 있었던 것이다.

각자의 인생 여정에서 불 기둥과 구름 기둥처럼 따뜻함이나 시원함을 느끼게 해 주었던 경험을 나누어 보도록 한다. 사람에게서 그러한 감정을 느낄 수도 있고, 어떤 상황에서 경험할 수도 있다. 잘 생각이 나지 않는다면 누구를 떠올리면 따뜻함을 느끼게 되는지 말해 보는 것도 좋은 방법이다. 한 여름 무더위를 날려주는 시원한 냉수 같은 경험을 서로 이야기하고 감사하고 행복한 시간을 갖도록 한다.

3 이스라엘은 요셉과의 약속을 400년이 지난 후에도 지키고 있다. 당신의 집안에 할머니나 어머니에게 물려받은 신앙의 유산이 있는가? 당신은 자녀들에게 어떤 신앙의 유산을 남기고 싶은가?

관찰문제 2번 참조. 이스라엘의 출애굽은 이미 오래 전에 조상들이 가졌던 신앙의 열매이다. 아브라함의 하나님, 이삭의 하나님, 야곱의 하나님이 400년이 지난 후에도 그들과의 약속을 지키시는 것이다. 또한 이스라엘 사람들도 400년 전 요셉과의 약속을 지키고 있다.

각자의 집안에서 할머니, 어머니의 신앙의 유산으로 물려 받은 것은 무엇이 있는지 이야기를 나누어 보도록 한다. 만일 그 가정에서 처음으로 믿는 신앙인이라면 미래의 자녀들에게는 어떤 신앙의 유산을 남기고 싶은가에 대해 이야기를 나누어 본다. 물론 3대, 4대 믿는 집안이라도 마땅히 전해 내려오는 신앙의 유산이 없을 수도 있다. 그것이 나쁜 것은 아니다. 앞으로 자녀들에게는 물려 줄 신앙의 유산을 만드는 것이 더 중요하다.

인도자는 신앙의 유산이 없다는데 초점을 맞추기보다는 있는 사람은 자유롭게 그 신앙의 유산을 소개하고, 없는 사람은 어떤 신앙의 유산을 만들 것인가 생각하여 나누고, 자녀들에게 그것을 전하는 시간을 가지도록 돕는다.

4 이스라엘의 광야 행로는 바로가 보기에는 마치 방황하는 것처럼 보였다. 그리고 하나님은 이것을 바로를 홍해에 수장시킬 계획으로 연결하신다. 당신에게 베푸신 원수를 완전히 전멸시키기 위한 하나님의 방법은 무엇이 있었는가?

관찰문제 4번 참조. 분명히 이스라엘의 행로는 바른 길로 가는 것이 아니라 이리저리 방황하는 것처럼 보였을 것이다. 그리고 지리를 아는 이스라엘인이 있었다면 왜 이렇게 가야 하느냐고 반문했을 수도 있다. 그 걸음이 바로를 겨냥한 행로였다는 것을 모르니까 당연한 일일 수 있다. 이렇게 하나님의 방법은 인간의 생각과 계획과는 확연한 차이가 있다.

각자에게 베푸신 은혜 뒤의 위기라고 생각되었는데 지나고 보니 하나님이 원수를 완전히 전멸시키기 위한 방법이었다고 생각되는 것들에 대해 이야기를 나누어 보도록 한다. 나에게 베푸신 하나님의 은혜의 방법에는 무엇이 있었는지에 대해 이야기를 나누어 본다.

VII. 마무리

- 기도로 마무리한다.
- 제7주 관찰 문제를 예습해 오도록 한다.
- 실천 과제를 제시한다.

 **생활의 아로마** - 실천

예 1) 불 기둥과 구름 기둥이 필요한 사람을 찾아가서 따뜻하고 시원하게 해 주도록 한다.

2) 신앙에 대해 가족과 일주일에 한 번은 이야기하는 시간을 갖도록 한다.

능력자의 조건

출애굽기 18:13-27

학습목표

1. 하나님의 능력자의 조건은 무엇인지 알 수 있다.
2. 모세를 통해 권면에 대처하는 바른 자세를 알 수 있다.

KEYWORD 재판, 위임, 리더십

Ⅰ. 찬양과 기도

Ⅱ. 지난주 실천 과제 나눔

Ⅲ. 복습문제 풀이

 복습

1 여호와께서 이스라엘을 앞서 가시며 인도하시는 방법은 무엇인가?(출 13:21-22)

낮에는 구름 기둥으로 밤에는 불 기둥으로 그들을 보호하셨다

18:13 이튿날 모세가 백성을 재판하느라고 앉아 있고 백성은 아침부터 저녁까지 모세 곁에 서 있는지라 14 모세의 장인이 모세가 백성에게 행하는 모든 일을 보고 이르되 네가 이 백성에게 행하는 이 일이 어찌 됨이냐 어찌하여 네가 홀로 앉아 있고 백성은 아침부터 저녁까지 네 곁에 서 있느냐 15 모세가 그의 장인에게 대답하되 백성이 하나님께 물으려고 내게로 옴이라 16 그들이 일이 있으면 내게로 오나니 내가 그 양쪽을 재판하여 하나님의 율례와 법도를 알게 하나이다 17 모세의 장인이 그에게 이르되 네가 하는 것이 옳지 못하도다 18 너와 또 너와 함께 한 이 백성이 필경 기력이 쇠하리니 이 일이 네게 너무 중함이라 네가 혼자 할 수 없으리라 19 이제 내 말을 들으라 내가 네게 방침을 가르치리니 하나님이 너와 함께 계실지로다 너는 하나님 앞에서 그 백성을 위하여 그 사건들을 하나님께 가져오며 20 그들에게 율례와 법도를 가르쳐서 마땅히 갈 길과 할 일을 그들에게 보이고 21 너는 또 온 백성 가운데서 능력 있는 사람들 곧 하나님을 두려워하며 진실하며 불의한 이익을 미워하는 자를 살펴서 백성 위에 세워 천부장과 백부장과 오십부장과 십부장을 삼아 22 그들이 때를 따라 백성을 재판하게 하라 큰 일은 모두 네게 가져갈 것이요 작은 일은 모두 그들이 스스로 재판할 것이니 그리하면 그들이 너와 함께 담당할 것인즉 일이 네게 쉬우리라 23 네가 만일 이 일을 하고 하나님이도 네게 허락하시면 네가 이 일을 감당하고 이 모든 백성도 자기 곳으로 평안히 가리라 24 이에 모세가 자기 장인의 말을 듣고 그 모든 말대로 하여 25 모세가 이스라엘 무리 중에서 능력 있는 사람들을 택하여 그들을 백성의 우두머리 곧 천부장과 백부장과 오십부장과 십부장을 삼으매 26 그들이 때를 따라 백성을 재판하되 어려운 일은 모세에게 가져오고 모든 작은 일은 스스로 재판하더라 27 모세가 그의 장인을 보내니 그가 자기 땅으로 가니라

 말씀 돋보기 - 관찰

1 이드로가 본 모세의 업무는 무엇인가?(출 18:13)

아침부터 저녁까지 백성들을 재판

 모세는 아침부터 저녁까지 백성들을 재판했다. 이드로는 모세의 업무를 관찰하고 혀를 찼다. 모세가 하루 종일 백성들 사이의 법적 논쟁을 듣고 판결하느라 기진맥진한 모습을 보였기 때문이다. 늙은 모세가 아침 일찍부터 저녁 늦게까지 수많은 백성의 소송을 듣고 재판을 하다보니 지치는 것은 당연한 일이었다.

2 모세의 재판 기준은 무엇인가?(출 18:16)

하나님의 율례와 법도

 모세는 하나님의 율례와 법도에 따라 백성들을 재판했다. 이것은 두 가지 가능성을 전제한다. 첫째, 이 사건이 이스라엘이 시내산에서 율법을 받고 그곳을 떠난 다음에 있었던 일이라면 모세가 적용한 기준은 시내산 율법이다. 둘째, 이 사건이 이스라엘이 시내산에 도착하기 전에 있었던 일이라면 시내산 율법의 일부는 모세가 산 위에서 받은 것이 아니라 오랜 세월 동안 이스라엘을 포함한 온 인류에게 조금씩 주신 가치관과 기준을 법률화한 것을 알 수 있다. 이 사건은 두 가지 가능성을 동시에 포함하고 있다.

3 이드로가 제안한 능력 있는 사람의 세 가지 조건은 무엇이며, 이 조건은 어떤 기준을 반영하는가?(출 18:20-21)

a) **하나님을 두려워하는 자**

b) **진실한 자**

c) **불의한 이익을 미워하는 자**

기준: 행정적인 능력, 자질보다는 인격을 중시

〈하나님의 능력자가 되기 위한 특별한 조건〉

덕목	본문	의미와 이유
경외	하나님을 두려워하는 자	하나님을 경외하는 것이 판단의 근본이 되어야 하기 때문
진실	진실한 자	모든 증거를 잘 참고해서 소신껏 판단하고 판결해야 하기 때문
청렴	불의한 이익을 미워하는 자	뇌물 등과 같은 불로소득을 거부할 줄 알아야 판결이 흐려지지 않기 때문

하나님의 능력자가 되기 위한 특별한 세 가지 조건은 사람의 행정적인 능력, 자질보다는 인격을 중요시한다.

4 모세가 이드로의 제안으로 적용한 제도는 무엇인가?(출 18:25-26)

a) 능력있는 사람을 선택

b) 백성의 리더로 천부장, 백부장, 오십부장, 십부장을 세운다

c) 재판하기 어려운 일은 모세에게 가져오게 한다.

모세는 이드로의 제안을 받아들여 먼저, 능력있는 사람을 택하고, 백성의 리더로 천부장, 백부장, 오십부장, 십부장을 삼는다. 그들이 재판하기 어려운 일은 모세에게로 가져 오는 형태는 오늘날 가장 널리 사용되는 형법과 사법 재판의 모델이다. 이드로가 제안한 조직체를 갖춘다는 것은 법정이 더 이상 아무나 재판관으로 세워 임의로 재판하는 곳이 아니라 전문가들을 양성하여 재판관으로 세워 재판하는 전문성을 띤 곳이 되었음을 시사한다.

〈광야 모티브〉

1	하나님이 그들을 인도하셨다(출 14:15; 신 8:15; 암 2:10; 시 136:16).
2	하나님이 그들을 보호하셨다(출 14:19; 호 11:3).
3	하나님이 그들을 팔에 안으셨다(출 15:16; 신 1:31; 호 11:3).
4	하나님이 그들을 독수리가 새끼를 품은 것 같이 품으셨다(출 19:4; 신 32:11-12).
5	때로는 하나님이 그들을 강제로 인도하셨다(호 11:4).

 삶의 내비게이션 - 적용

1 모세는 아침부터 저녁까지 재판하느라 기진해 있었다. 당신은 모세처럼 혼자 감당하기 힘든 짐을 지고 가느라 어려웠던 경험이 있는가?

관찰문제 1번 참조. 모세의 하루 종일 재판하는 광경은 이드로가 보기에 참으로 딱한 일이었다. 이처럼 오늘날에도 교회 일, 회사 일, 집안 일을 하루 종일 혼자 감당하느라 힘들어하는 사람들이 많다. 그런 상황은 보통 다른 사람을 믿지 못해서, 혹은 나만 할 수 있다는 교만과 욕심에서 나오는 일이다.

각자가 혼자 일을 감당하느라 힘들었던 경험에 대해 이야기를 나누어 본다. 그리고 왜 혼자 하려고 했는지에 대해서도 이야기를 나누어 보도록 한다. 그것이 일을 맡길 사람을 믿지 못해서인지, 혹은 나만 할 수 있다는 교만과 욕심 때문인지 스스로 돌아보는 시간을 갖도록 한다. 모세의 예를 통해서 하나님은 일을 분담하고 나누어서 하는 것을 더 기뻐하신다는 사실을 깨닫고 앞으로 일하는 자세를 바꾸도록 한다.

2 모세는 능력 있는 사람을 리더로 세우는데, 당신이 리더가 되기 위해 필요한 덕목은 무엇인가?

관찰문제 3번 참조. 모세는 하나님의 리더를 세우는 조건으로 하나님을 경외하는 자, 진실한 자, 청렴한 자의 세 가지를 말하고 있다.

각자가 리더가 되기 위해서 필요한 덕목은 무엇인지 이야기를 나누어 본다. 그 외에도 다양한 덕목이 필요하겠지만 여기서는 모세가 말하는 세 가지 덕목에 맞추어서 이야기를 나누어 보도록 한다. 리더인 사람들은 그 조건에 비추어 자신을 돌아보는 시간을 갖도록 하고, 리더가 아닌 사람들은 필요한 덕목을 갖추어 하나님의 리더로 쓰임 받도록 돕는다.

3 모세는 이방인 이드로의 제안을 받아들여 일을 효율적으로 진행하게 된다. 당신은 다른 사람의 권면에 어떻게 대처하는가?

관찰문제 3번, 4번 참조. 모세가 이방인 이드로의 제안을 받아들이는 것은 성경에서 보기 드문 일이다. 특별히 모세는 하나님과 대면하여 친구처럼 이야기를 나누는 사람이었음에도 이드로의 제안을 받아 들인다. 또한 이드로의 제안은 한 사람의 생각이 아니라 하나님이 그를 통해 모세에게 주신 규정 또는 지혜라고 볼 수 있다. 그러므로 우리는 권면에 지혜롭게 대처해야 할 것이다.

각자가 권면에 어떻게 대처하는가에 대해 이야기를 나누어 본다. 한국사람들은 권면하는 일도 어려워하고, 타인이 해 주는 권면도 무시하거나 자존심 상한다고 생각하는 경우가 있다. 그러나 모세가 이드로의 권면을 받아들여 일을 효율적으로 진행한 것처럼 권면에 바르게 대처하고, 또 바른 권면을 할 수 있어야 할 것이다.

인도자는 권면에 어떻게 대처하는 것이 바람직한 자세인가에 대해서도 이야기를 나누어 본다. 그리고 권면을 해야 한다면 어떻게 하는 것이 지혜로운 것인가. 그것이 이드로처럼 하나님이 주신 지혜인가 아니면 인간적인 노파심인가에 대해서도 서로 피드백을 나누도록 한다.

VII. 마무리

- 기도로 마무리한다.
- 제8주 관찰 문제를 예습해 오도록 한다.
- 실천 과제를 제시한다.

 **생활의 아로마** - 실천

예 1) 리더로서 부족한 부분을 훈련하고 계발하도록 한다.
  2) 다른 사람들을 믿을 수 없어서 혼자 힘들게 감당하고 있는 집안 일이나 회사, 교회 일이 있다면 신뢰함으로써 일을 분담해 보도록 한다.

십계명 I 하나님과의 관계

출애굽기 19:5-6, 20:1-11

학습목표

1. 하나님의 말씀에 순종하면 시내산의 축복을 누릴 수 있다.
2. 1-4계명을 통해 하나님과 인간 사이의 관계에서 하나님이 원하시는 것이 무엇인지 알 수 있다.

KEYWORD 언약, 구원자, 경외

I. 찬양과 기도

II. 지난주 실천 과제 나눔

III. 복습문제 풀이

 복습

1 이드로가 제안한 능력 있는 사람의 세 가지 조건은 무엇이며, 이 조건은 어떤 기준을 반영하는가?(출 18:20-21)

a) 하나님을 두려워하는 자

b) 진실한 자

c) 불의한 이익을 미워하는 자

기준: 행정적인 능력, 자질보다는 인격을 중시

^{19:5} 세계가 다 내게 속하였나니 너희가 내 말을 잘 듣고 내 언약을 지키면 너희는 모든 민족 중에서 내 소유가 되겠고 ⁶ 너희가 내게 대하여 제사장 나라가 되며 거룩한 백성이 되리라 너는 이 말을 이스라엘 자손에게 전할지니라 …

^{20:1} 하나님이 이 모든 말씀으로 말씀하여 이르시되 ² 나는 너를 애굽 땅, 종 되었던 집에서 인도하여 낸 네 하나님 여호와니라 ³ 너는 나 외에는 다른 신들을 네게 두지 말라 ⁴ 너를 위하여 새긴 우상을 만들지 말고 또 위로 하늘에 있는 것이나 아래로 땅에 있는 것이나 땅 아래 물 속에 있는 것의 어떤 형상도 만들지 말며 ⁵ 그것들에게 절하지 말며 그것들을 섬기지 말라 나 네 하나님 여호와는 질투하는 하나님인즉 나를 미워하는 자의 죄를 갚되 아버지로부터 아들에게로 삼사 대까지 이르게 하거니와 ⁶ 나를 사랑하고 내 계명을 지키는 자에게는 천 대까지 은혜를 베푸느니라 ⁷ 너는 네 하나님 여호와의 이름을 망령되게 부르지 말라 여호와는 그의 이름을 망령되게 부르는 자를 죄 없다 하지 아니하리라 ⁸ 안식일을 기억하여 거룩하게 지키라 ⁹ 엿새 동안은 힘써 네 모든 일을 행할 것이나 ¹⁰ 일곱째 날은 네 하나님 여호와의 안식일인즉 너나 네 아들이나 네 딸이나 네 남종이나 네 여종이나 네 가축이나 네 문안에 머무는 객이라도 아무 일도 하지 말라 ¹¹ 이는 엿새 동안에 나 여호와가 하늘과 땅과 바다와 그 가운데 모든 것을 만들고 일곱째 날에 쉬었음이라 그러므로 나 여호와가 안식일을 복되게 하여 그 날을 거룩하게 하였느니라

말씀 돋보기 - 관찰

1 이스라엘이 하나님의 말씀에 순종하면 누리는 축복 세 가지는 무엇인가?(출 19:5-6)

a) 하나님의 소유

b) 제사장 나라

c) 거룩한 백성

〈시내산의 하나님의 축복〉

본문	관계	의미
하나님의 소유	물건의 소유주(하나님)만이 누릴 수 있는 매우 귀중한/ 가치 있는 소유물(이스라엘)	하나님과 이스라엘은 매우 특별한 언약으로 하나가 되었음
제사장 나라	이스라엘과 열방의 관계를 정의	이스라엘은 열방 가운데 제사장 역할을 해야 함(존재의 의미)
거룩한 백성	이스라엘이 하나님과 열방과의 관계를 형성하고 유지하기 위한 요구	다른 민족과의 차별되는 거룩한 삶의 방식이 요구됨

2 하나님은 어떤 자격으로 이스라엘에게 율법을 지킬 것을 요구하시는가?(출 20:2-3)

애굽에서의 노예 생활과 고통에서 구원하신 하나님 자격으로

하나님은 먼저 자신이 이스라엘과 어떤 관계인지를 밝힌 후에 첫 번째 계명을 주신다. 이스라엘은 여호와가 그들을 애굽에서의 노예 생활과 고통에서 구원하신 하나님이라는 점을 기억해야 한다. 하나님은 이들을 구속과 압제에서 구원하신 구세주의 자격으로 계명을 주시는 것이다. 하나님은 애굽 사람들의 손에서 구원하신 이스라엘을 자신의 소유로 간주할 권한이 있기 때문이다. 이 같은 관계는 '인애 관계'라고도 한다.

3 제2계명은 우상숭배 금지를 명령하고 있다. 본문에서는 우상숭배하는 과정을 어떻게 표현하고 있는가?(출 20:4-6)

만들고→절하며→섬긴다

〈우상숭배 과정〉

만들고(4절)	절하며(5절)	섬기며(5절)
유물과 상징들에 특별한 의미 부여 →	특별한 의식과 예식 행함 →	삶의 일부가 되어 버림

4 제3계명에서 하나님의 이름을 안다는 것은 어떤 의미인가?(출 20:7)

a) 하나님의 신비로운 임재

b) 하나님께 나아간다는 의미

c) 무한한 위로와 복이 될 수 있지만 경우에 따라서 파괴와 재앙을 동반할 수도 있다

하나님의 이름 자체에는 하나님의 신비로운 임재가 내포되어 있으며, 하나님의 이름을 부른다는 것은 하나님께 나아간다는 것을 의미한다. 제3계명은 하나님의 이름을 아는 것이 동반하는 위험에 대한 경고이다. 하나님의 이름을 아는 것은 무한한 위로와 복이 될 수 있지만 경우에 따라서는 파괴와 재앙을 동반할 수도 있다는 의미이다. 하나님의 이름을 망령되이 하지 말라는 것은 하나님의 능력과 임재를 상징하는 그분의 이름을 개인적인 목적과 이익을 위해 사용하는 죄를 범하지 말라는 의미이다.

5 제4계명에서 안식일의 중요성은 무엇인가?(출 20:8-11)

a) 이스라엘의 정체성 확립

b) 창조주 하나님의 창조에 대한 고백

c) 일하기 위해 쉬는 것이 아니라 쉼을 갖기 위해 일함

안식일의 중요성은 하던 일을 멈추는 데 있지 않다. 주의 백성이라고 자처하는 이스라엘은 안식일을 구별하여 자신들의 정체성을 확립해야 한다. 그들은 은혜를 베푸신 하나님을 기념하고 기뻐하는 일에 전념하여 자신들의 존재감을 감동적이고 영적인 체험으로 승화시켜야 한다. 또 안식일은 창조주 하나님이 6일 동안 이 세상을 아름답게 창조하셨다는 점을 고백하는 것이며, 안식일은 일하기 위해 쉬는 것이 아니라 쉼을 갖기 위해 일하는 개념으로 보아야 한다.

 ## 삶의 내비게이션 - 적용

1 제2계명의 하나님은 질투하시는 하나님이시다. 이 표현은 결혼에서 비롯된 것으로 남편 되시는 하나님이 아내 이스라엘에게 절대적 충성을 요구하시는 것이다. 하나님의 질투는 사랑을 동반하고 있다. 당신에게 하나님의 사랑으로 인한 질투를 경험한 적이 있다면 무엇인가?

관찰문제 3번 참조. 하나님이 제2계명 우상숭배를 금지하시면서 질투하시는 하나님(5절)에 대해 말씀하신다. 질투가 없으면 관심도 없고 사랑도 없다.

각자가 경험한 사랑으로 인한 질투에는 어떤 것이 있었는지 이야기를 나누어 본다.

2 하나님의 이름을 개인적인 목적과 이익을 위해 사용하는 것에는 무엇이 있는가?

관찰문제 4번 참조. 하나님의 이름을 부른다는 것 자체만으로도 하나님 앞에 나아가는 것이다. 그런데 우리는 무의식적으로 "주여!"를 외치고 산다. 하나님의 이름은 바르게 사용될 때는 무한한 위로와 복으로 임하지만, 그렇지 않을 경우에는 파괴와 재앙을 동반한다. 모세와 바로의 경우에서도 그 사실을 찾아 볼 수 있다.

하나님의 이름을 개인적인 목적과 이익을 위해서 사용한 경우에 대해 이야기를 나누어 보도록 한다. 하나님의 이름으로 거짓 예언을 한다면 이것은 개인적인 목적과 이익을 위한 것이다. 하나님의 이름으로 은사를 행하면서 개인적인 이득을 취하였다면 이것도 하나님의 이름을 망령되이 일컫는 일에 해당할 것이다. 또 하나님을 찾는다면서도 점쟁이를 찾아 다니는 크리스천들도 이 계명에서 자유로울 수는 없을 것이다. 각자의 경험을 바탕으로 나누어 보도록 한다.

3 하나님이 6일 동안 천지를 창조하시고 7일째 쉬셨다는 것은 일하기 위해서 쉬는 것이 아니라 쉼을 갖기 위해 일하시는 것을 의미한다. 그런 의미에서 당신은 안식일을 거룩하게 지키고 있는가?

관찰문제 5번 참조. 안식일에 대한 오해가 많다. 안식일에 대한 자세한 내용을 알고 싶다면 『엑스포지멘터리 창세기』를 참고(pp. 93–97)하면 된다. 또, 『엑스포지멘터리 성경공부 시리즈 창세기(I)』에도 그 내용을 언급하고 있다.

안식일을 거룩하게 지키는 방법에 대해 이야기를 나누어 보도록 한다. 유대인은 안식일에 전등불을 켜고, 냉장고 문을 열고, 엘리베이터 스위치를 누르는 것도 일로 여긴다. 그래서 그들은 안식일에 범죄하지 않기 위해 전등불은 시간이 되면 켜지게 타이머를 설치하고, 엘리베이터는 스위치를 누르지 않아도 되게 모든 층에 서도록 조정해 놓는다. 우리는 주일을 어떻게 지키는지, 과연 하나님이 원하시는 안식일인지 점검해 볼 필요가 있다. 주일에 예배만 참석하고나면 집에 돌아와서는 오락과 취미를 즐기기에 바쁘지는 않는가?

각자 안식일을 거룩하게 지키기 위해서 결단해야 할 것들에 대해 이야기를 나누도록 한다.

Ⅶ. 마무리

- 기도로 마무리한다.
- 제9주 관찰 문제를 예습해 오도록 한다.
- 실천 과제를 제시한다.

 ## 생활의 아로마 - 실천

예 1) 일주일 동안 하나님의 이름을 남용하거나 오용하지 말고 바르게 사용하도록 한다.

　2) 안식일을 거룩하게 지키기 위해 가정에서 실천해야 할 일을 작성하도록 한다.
　　 – 가족이 모여 함께 찬양하기, 함께 말씀 보기, 어려운 사람 찾아가기 등

십계명 Ⅱ 사람과의 관계

출애굽기 20:12-17

학습목표

1. 부모를 공경하면 하나님이 생명을 보장해 주시고, 책임져 주신다는 사실을 알 수 있다.
2. 사람과의 관계에 있어서 하나님이 기뻐하시는 관계는 어떤 것인지 알 수 있다.

KEYWORD 관계, 위증, 탐심

Ⅰ. 찬양과 기도

Ⅱ. 지난주 실천 과제 나눔

Ⅲ. 복습문제 풀이

 복습

1 이스라엘이 하나님의 말씀에 순종하면 누리는 축복 세 가지는 무엇인가?(출 19:5-6)

a) 하나님의 소유   b) 제사장 나라   c) 거룩한 백성

2 하나님은 어떤 자격으로 이스라엘에게 율법을 지킬 것을 요구하시는가?(출 20:2-3)

애굽에서의 노예생활과 고통에서 구원하신 하나님 자격으로

^{20:12} 네 부모를 공경하라 그리하면 네 하나님 여호와가 네게 준 땅에서 네 생명이 길리라 ¹³ 살인하지 말라 ¹⁴ 간음하지 말라 ¹⁵ 도둑질하지 말라 ¹⁶ 네 이웃에 대하여 거짓 증거하지 말라 ¹⁷ 네 이웃의 집을 탐내지 말라 네 이웃의 아내나 그의 남종이나 그의 여종이나 그의 소나 그의 나귀나 무릇 네 이웃의 소유를 탐내지 말라

Ⅴ. 관찰 문제의 바른 답

 **말씀 돋보기** - 관찰

1 인간관계에 관한 계명 중 부모 공경이 가장 먼저 등장하는 이유는 무엇인가?(출 20:12)

부모 자식 관계가 가장 기본적인 인간관계이기 때문

 인간관계를 언급하면서 부모와의 관계에 대한 계명이 가장 먼저 등장하는 것은 부모 자식 관계가 가장 기본적인 인간관계이기 때문이다. 옛날 우리나라에 고려장이 있었던 것처럼, 고대 근동 지역에서도 나이가 들어 노동력을 상실한 노인들이 집에서 쫓겨나고 길거리로 내몰리는 경우가 있었다(cf. 출 21:15, 17; 레 20:9; 신 27:16). 이 계명은 이러한 상황에 처해 있는 힘없는 노부모들의 인권을 보호하는 데 그 본래 취지가 있다. 이 계명은 부모의 권위 아래 자라고 있는 어린아이들에게 주어진 것이 아니라 성인 자녀들에게 노부모를 어떻게 대해야 하는가에 관한 것이다.

2 제6계명 "살인하지 말라"의 가장 큰 의미는 무엇인가?(출 20:13)

생명 존중의 의미

 "살인하지 말라"라는 계명은 모든 살생을 금하는 것이 아니다. 이 계명의 의미는 인간의 생명이 하나님께 속한 것이기에 생명을 존중하라는 것이다. 여기서 사용되는 "살인하다"로 해석되는 동사는 전쟁을 통해 사람을 죽이거나 법적인 절차를 통해 정당하게 범죄자를 처형하는 것을 설명하는 데 한 번도 사용되지 않는다. 이 동사는 사람을 불법으로 살해하는 것으로 해석하는 것이 바람직하며, 그러므로 이 계명이 결코 사형 제도를 금하는 근거로 사용될 수 없다.

3 인류의 가장 오래된 문제이자 거의 모든 사회에 깊숙이 뿌리내리고 있는 성 윤리 문제에 관한 제7계명은 무엇인가?(출 20:14)

간음하지 말라

 제7계명은 "간음하지 말라"로 고대 근동 사회에서도 간음은 '심각하고도 큰 죄'로 여겨졌다. '간음'은 부부가 아닌, 결혼한 남자와 여자가 서로 동의한 상황에서 이루어지는 성행위이다. 그러므로 이 계명이 강조하는 것은 결혼 생활의 소중함이다. 결혼은 하나님이 세우신 거룩한 제도이자 인간이 누릴 수 있는 가장 오래된 축복 중 하나이다. 예수님 시대에는 마음으로 생각하는 것까지 간음으로 간주하였다.

4 제8계명의 '도둑질'에 포함되는 범위는 어디까지인가?(출 20:15)

a) 물질적 재산권　　　　b) 인신매매　　　　c) 존엄성

 제8계명은 개인의 물질적 재산권 보호뿐만 아니라 유괴, 납치와 같은 범법 행위에 대한 인권 보호도 포함하고 있다. 이스라엘처럼 유목과 농경을 중심으로 한 사회에서는 각 개인의 재산권 보호는 그다지 큰 쟁점이 아니었다. 그러므로 이 계명의 원래 의도는 유괴와 인신매매 금지에서 출발했고, 세월이 지나면서 재산권도 포함하게 되었다고 해석하는 것이 바람직하다. 도둑질하지 말라는 계명은 가족과 자신이 소속된 공동체에 속한 사람들의 자존감이나 인간 존엄성을 빼앗는 행위를 금하는 것도 포함하고 있다.

5 "거짓 증거하지 말라"라는 제9계명의 의미는 무엇인가?(출 20:16)

법정에서 위증하지 말라

 이 계명의 문화적 배경은 법정에서 증언하는 것이다. "거짓 증거"는 이스라엘뿐만 아니라 고대 근동의 많은 문화권의 법정에서 사용되던 전문 용어이다. 이 계명의 중요성은 위증으로 하나님께 범죄하는 것을 예방하는 것보다, 진실을 밝히는 것에 초점이 맞추어져 있다.

6 제10계명에서 탐내지 말아야 할 일곱 가지는 무엇인가?(출 20:17)

집, 아내, 남종, 여종, 소, 나귀, 모든 소유

하나님은 이 계명에서 탐하지 말 것을 일곱 가지로 정의하시는데 가장 중요한 집이 먼저 언급되고 이 집을 구성하는 것들이 가치의 정도에 따라 나열된다. '집, 아내, 남종, 여종, 소, 나귀, 모든 소유'의 일곱 가지는 한 가정과 사람에게 속한 모든 소유를 의미한다.

〈십계명 요약〉

계명	핵심	의미	적용
제1계명 (20:1–3)	유일신이신 하나님을 인정	남편되신 하나님이 요구하시는 아내되는 이스라엘에 대한 사랑과 독점권	결혼에서 정조를 지킬 것을 약속하는 것과 같은 언약
제2계명 (20:4–6)	우상숭배 금지	이방신들과의 차별성	어떤 것도 하나님을 상징할 수 없음을 고백
제3계명 (20:7)	하나님의 이름 모독 금지	하나님 이름의 거룩함과 능력 인정	하나님 이름을 부르는 것은 위로와 복인 동시에 파괴와 재앙도 공존
제4계명 (20:8–11)	안식일의 의미 확인	주의 백성의 정체성 확인과 창조주 하나님에 대한 고백	일하기 위해 쉬는 것이 아닌, 쉬기 위해 일하는 것으로 의식 전환 필요
제5계명 (20:12)	부모 공경	부모를 대할 때 하나님을 대하듯	성인 자녀들에게 주어지는 노부모 공양의 의무
제6계명 (20:13)	살인 금지	불법적으로 허용되어서는 안 될 폭력으로부터 이스라엘 공동체의 삶을 보호하는데 목적	살생에 대한 강조가 아닌 창조물인 생명 존중에 초점
제7계명 (20:14)	간음 금지	성 윤리 문제가 미치는 결혼 생활의 심각성	하나님이 세우신 거룩한 제도이자 가장 오래된 축복 중 하나인 결혼을 지키는 가장 기본적인 책임과 의무
제8계명 (20:15)	도둑질 금지	재산권 인정 및 인권 유린 금지	가족과 공동체에 속한 사람들의 자존감이나 인간 존엄성을 해치는 행위 금지
제9계명 (20:16)	거짓 증거 금지	법정에서 위증 금지	위증으로 인한 진실 왜곡뿐만이 아닌 사회의 진실성과 질서 위협하는 것에 경고
제10계명 (20:17)	탐심 금지	타인의 소유권 인정, 행동뿐만 아니라 마음으로도 요구 – 탐욕은 집착, 일종의 중독	나와 타인의 소유권 인정은 나의 권리의 한계를 인정해야 하는 필연성을 가짐

 ## 삶의 내비게이션 - 적용

1 "네 이웃에 대하여 거짓 증거하지 말라"라는 제9계명은 위증에 관한 것이다. 위증은 법정에서 사용되지만 생활 속에서도 찾아 볼 수 있다. 당신이 경험한 위증에는 무엇이 있는가?

관찰문제 5번 참조. 위증은 주로 법정에서 행해지만, 더 크게 보면 소문을 만들어 퍼뜨리는 것, 근거없는 추측성 발언 등, 인터넷 상의 거짓 댓글, 악성 루머 유포 등도 이 계명에 해당한다고 볼 수 있다. 아무 생각없이 던진 추측성 발언이 사람의 목숨까지도 앗아가는 일을 종종 볼 수 있다.

각자가 경험한 위증에는 무엇이 있는지 이야기를 나누어 보도록 한다.

인도자는 위의 예들(거짓 소문 유포, 악성 댓글, 거짓 댓글, 증권가 찌라시 등)을 들어 이야기를 나누도록 돕는다. 그 외 교회나 학교, 가정에서 잘못된 소문에 휘말린 경험들을 나누도록 한다.

2 인간관계를 언급하면서 부모공경에 대한 계명이 먼저 등장하는 것은 부모 자식의 관계가 가장 기본적인 인간관계이기 때문이다. 당신은 어떻게 부모를 섬기고 있는가?

관찰문제 1번 참조. 이 계명은 약속을 동반한 첫 번째 계명이다. "네 부모를 공경하라 그리하면 네 하나님 여호와가 네게 준 땅에서 네 생명이 길리라"(12절). 그러나 고대 근동 시대나 지금이나 부모에게 잘하려면 경제적 손실이 따르기 마련이다. 하나님은 부모에게 잘하면 생명을 보장해 주시고 책임져 주시겠다고 약속하신다.

각자가 부모와 어떤 관계를 유지하고 있는지 이야기를 나누어 보도록 한다.

인도자는 어떤 부분에서 관계가 좋아졌고, 나빠졌는지를 이야기를 나눔으로, 좋은 관계를 유지하기 위한 방법을 찾아갈 수 있도록 돕는다. 특별히 부모와 관계가 좋지 않은 상태에 있는 경우에는 이 계명에 도전을 받고, 관계를 회복할 수 있도록 돕는다. 그러나 참가자가 이 부분을 이야기하기 어려워할 경우 억지로 시키지 않도록 한다. 다른 가정의 이야기를 듣는 것으로 그도 변화될 수 있기 때문이다.

3 탐욕은 삶의 질을 향상시키기 위해 의욕적으로 사는 것을 뜻하는 것이 아니라 소유욕에 불타 특정한 물건에 집착하는 행위이다. 탐욕은 집착 혹은 일종의 중독이라고 볼 수 있다. 당신이 절제해야 하는 것

에는 무엇이 있는가?

관찰문제 6번 참조. 각자가 탐욕, 집착, 중독에 관한 이야기를 나누어 보도록 한다. 본인은 의욕적이라고 생각했는데 그것이 물질에 대한 소유욕일 수도 있다. 사람들에게도 최선을 다해서 대하는 것이라고 하는데 집착일 수 있다. 중독 문제도 본인은 잠깐 시간이 나서 했을 뿐이지 결코 중독이라고 생각하지 않는다.

각자가 절제해야 하는 것은 무엇인지 이야기를 나누어 보고, 피드백을 통해서 해결방법을 찾도록 돕는다.

4 간음, 불륜이 지배하는 세상이라도 가정을 지키는 것은 하나님이 기뻐하시는 일이다. 당신은 사랑하는 사람에게 표현되는 시간, 물질, 생각 중 무엇으로 당신의 배우자가 아닌 다른 사람에게 관심을 갖고 있는가?

관찰문제 3번 참조. 어두운 곳에서 간음과 불륜이 아무렇지도 않게 일어나는 것은 예나 지금이나 마찬가지이다. 그러나 예수님은 생각하는 것만으로도 간음이라고 말씀하셨다. 그러므로 우리가 배우자가 아닌 다른 이성이 자꾸 생각난다면 당신에게 간음 증상이 있는 것이다. 또는 그(그녀)를 위해 시간과 물질을 사용하고 있다면 이것은 예수님께서 말씀하신 간음이라고 할 수 있을 것이다.

각자가 배우자가 아닌 직장 동료, 교회 선후배, 사회 친구 등 자꾸 생각나고, 시간을 투자하게 되고, 물질을 사용하는 경우에 대해 이야기를 나누어 본다. 그리고 각자의 배우자가 아닌 누군가에게 생각, 시간, 물질의 쏠림 현상이 나타나고 있다면 이것은 간음의 징조로 보고, 속히 돌아서도록 한다.

미혼인 경우는 배우자가 없더라도 이성에게 생각, 시간, 물질을 사용하고 있다면 그것은 그 사람을 배우자감으로 생각하는 것이어야 한다. 그렇지 않고, 상대가 기혼이거나 결혼할 수 없는 상태라면 빨리 돌아서도록 한다.

- 기도로 마무리한다.
- 제10주 관찰 문제를 예습해 오도록 한다.
- 실천 과제를 제시한다.

 생활의 아로마 - 실천

예 1) 간음의 징조를 제거하도록 한다.

　2) 거짓 소문 퍼뜨리지 않기, 거짓 댓글, 악성 댓글 안 달기.
　　좋은 댓글 달기, 좋은 소문 내기, 좋은 소식은 알리고 안좋은 소식은 가슴에 담기.

하나님 중심으로!

출애굽기 25:1-40

학습목표

1. 성전과 예배는 인간의 편의가 아닌 하나님 중심이어야 한다는 사실을 알 수 있다.
2. 성막과 그 안의 구조물들의 용도를 알 수 있다.

KEYWORD 성막, 임재, 전심

Ⅰ. 찬양과 기도

Ⅱ. 지난주 실천 과제 나눔

Ⅲ. 복습문제 풀이

 복습

1 인간관계를 시작하는 계명에서 부모 공경이 가장 먼저 등장하는 이유는 무엇인가?(출 20:12)

부모 자식의 관계가 가장 기본적인 인간관계이기 때문

25:1 여호와께서 모세에게 말씀하여 이르시되 2 이스라엘 자손에게 명령하여 내게 예물을 가져오라 하고 기쁜 마음으로 내는 자가 내게 바치는 모든 것을 너희는 받을지니라 3 너희가 그들에게서 받을 예물은 이러하니 금과 은과 놋과 4 청색 자색 홍색 실과 가는 베 실과 염소 털과 5 붉은 물 들인 숫양의 가죽과 해달의 가죽과 조각목과 6 등유와 관유에 드는 향료와 분향할 향을 만들 향품과 7 호마노며 에봇과 흉패에 물릴 보석이니라 8 내가 그들 중에 거할 성소를 그들이 나를 위하여 짓되 9 무릇 내가 네게 보이는 모양대로 장막을 짓고 기구들도 그 모양을 따라 지을지니라 10 그들은 조각목으로 궤를 짜되 길이는 두 규빗 반, 너비는 한 규빗 반, 높이는 한 규빗 반이 되게 하고 11 너는 순금으로 그것을 싸되 그 안팎을 싸고 위쪽 가장자리로 돌아가며 금 테를 두르고 12 금 고리 넷을 부어 만들어 그 네 발에 달되 이쪽에 두 고리 저쪽에 두 고리를 달며 13 조각목으로 채를 만들어 금으로 싸고 14 그 채를 궤 양쪽 고리에 꿰어서 궤를 메게 하며 15 채를 궤의 고리에 꿴 대로 두고 빼내지 말지며 16 내가 네게 줄 증거판을 궤 속에 둘지며 17 순금으로 속죄소를 만들되 길이는 두 규빗 반, 너비는 한 규빗 반이 되게 하고 18 금으로 그룹 둘을 속죄소 두 끝에 쳐서 만들되 19 한 그룹은 이 끝에, 또 한 그룹은 저 끝에 곧 속죄소 두 끝에 속죄소와 한 덩이로 연결할지며 20 그룹들은 그 날개를 높이 펴서 그 날개로 속죄소를 덮으며 그 얼굴을 서로 대하여 속죄소를 향하게 하고 21 속죄소를 궤 위에 얹고 내가 네게 줄 증거판을 궤 속에 넣으라 22 거기서 내가 너와 만나고 속죄소 위 곧 증거궤 위에 있는 두 그룹 사이에서 내가 이스라엘 자손을 위하여 네게 명령할 모든 일을 네게 이르리라 23 너는 조각목으로 상을 만들되 길이는 두 규빗, 너비는 한 규빗, 높이는 한 규빗 반이 되게 하고 24 순금으로 싸고 주위에 금 테를 두르고 25 그 주위에 손바닥 넓이만한 턱을 만들고 그 턱 주위에 금으로 테를 만들고 26 그것을 위하여 금 고리 넷을 만들어 그 네 발 위 네 모퉁이에 달되 27 턱 곁에 붙이라 이는 상을 멜 채를 꿸 곳이며 28 또 조각목으로 그 채를 만들고 금으로 싸라 상을 이것으로 멜 것이니라 29 너는 대접과 숟가락과 병과 붓는 잔을 만들되 순금으로 만들며 30 상 위에 진설병을 두어 항상 내 앞에 있게 할지니라 31 너는 순금으로 등잔대를 쳐 만들되 그 밑판과 줄기와 잔과 꽃받침과 꽃을 한 덩이로 연결하고 32 가지 여섯을 등잔대 곁에서 나오게 하되 다른 세 가지는 이쪽으로 나오고 다른 세 가지는 저쪽으로 나오게 하며 33 이쪽 가지에 살구꽃 형상의 잔 셋과 꽃받침과 꽃이 있게 하고 저쪽 가지에도 살구꽃 형상의 잔 셋과 꽃받침과 꽃이 있게 하여 등잔대에서 나온 가지 여섯을 같게 할지며 34 등잔대 줄기에는 살구꽃 형상의 잔 넷과 꽃받침과 꽃이 있게 하고 35 등잔대에서 나온 가지 여섯을 위하여 꽃받침이 있게 하되 두 가지 아래에 한

꽃받침이 있어 줄기와 연결하며 또 두 가지 아래에 한 꽃받침이 있어 줄기와 연결하며 또 두 가지 아래에 한 꽃받침이 있어 줄기와 연결하게 하고 [36] 그 꽃받침과 가지를 줄기와 연결하여 전부를 순금으로 쳐 만들고 [37] 등잔 일곱을 만들어 그 위에 두어 앞을 비추게 하며 [38] 그 불 집게와 불 똥 그릇도 순금으로 만들지니 [39] 등잔대와 이 모든 기구를 순금 한 달란트로 만들되 [40] 너는 삼가 이 산에서 네게 보인 양식대로 할지니라

 말씀 돋보기 - 관찰

1 성막을 위한 예물은 어떤 자세로 드려야 하는가?(출 25:2)

기쁜 마음과 자원하는 마음으로

 성막을 위한 예물은 기쁜 마음과 자원하는 마음으로 바치라고 말씀하신다. 성막을 위해 재료를 모으는 것은 곧 하나님께 바치는 것을 의미한다. 이스라엘이 성막에 사용될 것을 드리는 것은 곧 주님께 나아가는 것이요, 예배 행위인 것이다. 이 같은 사실은 이스라엘 백성들의 헌물로 건축할 성막은 이스라엘의 소유가 아니라 하나님의 것임을 암시한다. 히브리어 단어 "예물"은 주인에 의해 신성한 일에 쓰이도록 따로 봉헌된 물건을 뜻한다. 빈부를 떠나서 모든 백성이 형편에 따라 참여함을 강조하고 있다.

2 성막은 어떻게 지어야 하는가?(출 25:9)

하나님이 보여주시는 모양대로

 성막과 그 안의 모든 기구는 하나님이 보여주시는 모양대로 만들어야 한다. 성막을 건축할 때 하늘에 있는 원형대로 만들든지 하나님이 보여주신 청사진과 그림대로 만들라는 것이다(출 25:40; 26:30; 27:8; 민 8:4). 설계도는 하나님이 보여주시지만 성소는 인간이 만들어야 한다. 비록 하나님이 하시는 일이라도 인간의 땀과 수고를 배제하지는 않는다. 단지 인간은 하나님이 주시는 도면대로 만들어서 그분의 말씀에 절대적으로 순종하는 자세를 보여야 한다.

3 법궤와 번제단의 위치가 주는 의미는 무엇인가?(출 25:10)

뜰의 번제단에서 드려지는 제물을 법궤 위의 하나님이 받으시는 것을 의미한다.

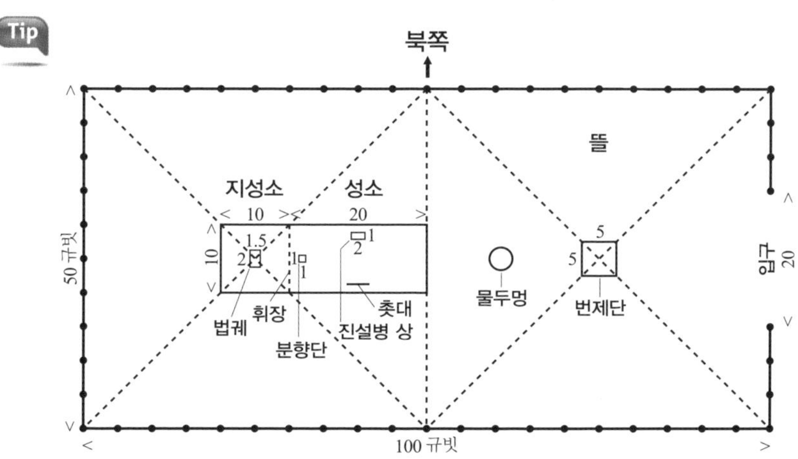

4 속죄소(시은좌)의 위치는 어디이며, 이것이 상징하는 것은 무엇인가?(출 25:21)

법궤 위, 자비의 보좌에 앉아계신 하나님의 임재를 상징

'속죄소'는 법궤를 덮는 뚜껑 역할을 하지만 오히려 법궤보다 훨씬 더 큰 의미와 상징성을 가진 물건이다. 속죄소의 양쪽에는 날개를 펼치고 마주서서 고개를 조금 숙인 자세를 취한 두 천사가 장식되어 있다. 법궤가 하나님의 발판이었다면 속죄소의 두 천사는 하나님의 보좌를 받들고 있다고 생각할 수 있다. 속죄소는 하늘에 있는 하나님의 실제 처소의 상징인 것이다. 성경에는 하나님을 "그룹들 위에 좌정하신 분"으로 묘사하는 사례가 종종 등장하는데 (삼상 4:4; 삼하 6:2; 대상 13:6; 왕하 19:15; 사 37:16; 시 80:2; 99:1), 이는 아마도 여기서 비롯된 개념일 것이다. 속죄소는 자비의 보좌에 앉아계시는 하나님의 임재의 상징이다.

5 조각목으로 만들어진 상이 상징하는 의미는 무엇인가?(출 25:30)

하나님이 우리의 모든 필요를 채워주심을 의미한다.

조각목으로 만들어진 상 위에는 항상 진설병을 두어야 한다. 진설병을 전시하는 상과 빵의 중요성은 시내산 언약을 상징하는 데 있다. 모세의 인도를 따라 시내산에 올랐던 이스라엘 장로 70인은 하나님과 언약을 맺고 언약이 체결된 후에는 쌍방이 함께 음식을 나누는 예식에 따라 하나님 앞에서 먹고 마셨다. 진설병은 이 같은 사실을 두루 기념하기 위한 것이다. 진설병은 항상 열두 개씩 만들어야 하며, 각 빵은 5분의 1에바의 가장 고운 밀가루로 빚어야 한다. 이것은 하나님이 우리의 모든 필요를 채워주심을 의미한다.

※ 빵의 크기

빵은 1/5에바의 가장 고운 밀가루로 빚음

[1에바=35ℓ, 1/5에바(7ℓ)X12개=84ℓ]

6 등잔대의 구조는 어떻게 되며, 그것의 기능은 무엇인가?(출 25:31-37)

등잔대는 중심 줄기에서 뻗어 나오는 일곱 가지로 구성, 등잔대의 기능은 빛을 발하는 것

등잔대는 중심 줄기에서 뻗어 나오는 일곱 가지로 구성되어 있다. 이 등잔대의 기능은 빛을 발하는 것이다. 빛은 삶을 상징하며, 세상의 모든 삶을 주관하시는 하나님의 능력을 상징하기도 한다. 또한 빛은 하나님이 창조하신 최초의 피조물이기도 하다(창 1:3). 등잔대의 중요성은 범우주적인 면모를 지니며, 창조주 하나님이 항상 주의 백성을 빛으로 보살피신다는 상징성도 지니고 있다.

〈장막과 비품 제작 규례〉

성구	제작	명령	내용	조건	의미
25:1-9	제작 준비	예물 수집	금속, 색실, 옷감, 목재, 기름, 향료, 보석	강제 징집이 아닌 자원하는 마음	누가 무엇을 드리느냐 보다는 어떤 마음가짐으로 드리느냐가 중요
25:10-16	지성소 Holy of Holies	법궤	규격: 가로 112x세로 67x높이 67(cm) 내용물: 십계명이 새겨진 돌판	재료: 아카시아 조각목 치장: 금으로 얇게 씌워 도금	1) 성막과 하늘의 만남을 상징 2) 금도금: 하나님의 경건과 거룩하심을 강조
25:17-22		속죄소	법궤를 덮는 뚜껑 역할 규격: 너비 67x길이 112(cm)	금도금이 아닌 순금으로 제작 날개를 펼치고 마주서서 머리를 숙인 두 천사	자비의 보좌에 앉아계신 하나님의 임재 상징

성구	제작	명령	내용	조건	의미
25:23-30	성소 Holy Place	진설병을 두는 상	도금된 아카시아 나무로 제작(45×90×67㎝) 순금 도구: 대접, 숟가락, 병, 붓는 잔	진설병: 일주일에 한 번씩 안식일에 새로 빚은 12개의 빵	언약을 맺고 함께 떡을 나눈 것을 기념
25:31-40		등잔대와 기구들	등잔대: 순금으로 구성된 일곱 개의 가지	기능: 빛을 발함	모든 삶을 주관하시는 하나님의 능력과 항상 주의 백성을 빛으로 보살피심을 의미

VI. 적용과 나눔

 ## 삶의 내비게이션 - 적용

1 성막을 위한 예물은 기쁜 마음과 자원하는 마음으로 드려야 한다. 하나님께 예물을 드릴 때 당신은 어떤 마음으로 드리는가?

관찰문제 1번 참조. 하나님께 드리는 예물은 기쁨으로 드려야 한다는 것은 누구나 알고 있다. 그러나 교회 주보에 헌금한 사람 이름이 기재되면 헌금이 느는 것은 왜일까? 아마도 하나님께 드리기 보다는 사람에게 보이기 위한 것이기 때문이 아닐까? 각자가 이 부분에 대해 생각해 보고 이야기를 나누어 보도록 한다. 부모님께 기쁜 마음으로 용돈을 드릴 때 더 감격하시는 것처럼 하나님도 그러시다. 각자가 과거에 하나님께 어떤 마음으로 예물을 드렸는지 이야기를 나누어 보고, 앞으로의 개선할 부분에 대해서도 이야기를 나누어 보도록 한다.

2 성막을 짓는 것은 하나님이 가르쳐 주신 설계도 그대로 만들어야 하는 절대적인 순종을 요구한다. 하나님은 성막의 구조를 구체적으로 제시하심으로, 성막이 하나님께 드리는 것임을 깨닫고 하나님이 원하시는 것에 그대로 순종하는 태도를 바라신다. 당신에게 하나님이 원하시는 절대적인 순종은 무엇인가?

관찰문제 2번 참조. 성막의 구조를 구체적으로 제시하시는 이유는 성막이 사람을 위한 것이 아닌 하나님을 위한 것이기 때문이다. 예배 또한 하나님께 드리는 것이기 때문에 하나님이 원하시는 대로 드려야 한다. 오늘날 교회 건축이나 예배 형식에 대해 비판적인 생각들이 많다. 교회도 예배도 인간의 편의를 위한 것이 되어서는 안된다.

하나님을 위한 것이기 때문에 하나님이 원하시는 대로 해야 할 것이다.

성막은 모형에 불과하다. 언젠가는 하늘나라에서 진품으로 볼 수 있다. 그러므로 우리의 삶은 천국에 대한 소망을 갖고, 인간의 이해 정도에 상관없이 하나님 중심이 되어야 한다.

각자 자신에게 하나님이 절대적인 순종을 요구하시는 것은 무엇이 있는지 이야기를 나누어 보도록 한다.

3 당신의 삶에서 하나님의 능력의 빛이 필요한 부분은 무엇인가?

관찰문제 6번 참조. 각자의 삶에서 하나님의 능력의 빛이 필요한 부분에 대해 이야기를 나누어 보도록 한다. 그것이 과거에 이루지 못한 꿈일 수도 있고, 현재 당면하고 있는 문제의 해결일 수도 있다.

각자의 생각을 이야기 나누어 봄으로 서로에 대한 이해를 키울 수 있다.

- 기도로 마무리한다.
- 제11주 관찰 문제를 예습해 오도록 한다.
- 실천 과제를 제시한다.

 생활의 아로마 - 실천

예 1) 예물을 드릴 때 기쁨과 자원하는 마음으로 드리도록 한다.

2) 하나님이 원하시는 절대적 순종을 위해 실천할 것을 한 가지 정하고 일주일 동안 실천하도록 한다.

인도자는 적용 2번 문제를 나눌 때 이 부분에 대해 각자 순종해야 할 부분을 생활의 아로마에 적게 하고 실천하도록 한다.

불안해서 만든 우상

출애굽기 32:1-20

학습목표

1. 우상은 불안으로 인해, 그리고 타인의 시선을 의식해서 만들어짐을
   알 수 있다.
2. 하나님이 받으시는 예물은 어떤 것인지 알 수 있다.

KEYWORD 우상, 포퓰리즘, 중보

Ⅰ. 찬양과 기도

Ⅱ. 지난주 실천 과제 나눔

Ⅲ. 복습문제 풀이

 복습

1 성막을 위한 예물은 어떤 자세로 드려야 하는가?(출 25:2)
기쁜 마음과 자원하는 마음으로

2 성막은 어떻게 지어야 하는가?(출 25:9)
하나님이 보여주시는 모양대로

32:1 백성이 모세가 산에서 내려옴이 더딤을 보고 모여 백성이 아론에게 이르러 말하되 일어나라 우리를 위하여 우리를 인도할 신을 만들라 이 모세 곧 우리를 애굽 땅에서 인도하여 낸 사람은 어찌 되었는지 알지 못함이니라 2 아론이 그들에게 이르되 너희의 아내와 자녀의 귀에서 금 고리를 빼어 내게로 가져오라 3 모든 백성이 그 귀에서 금 고리를 빼어 아론에게로 가져가매 4 아론이 그들의 손에서 금 고리를 받아 부어서 조각칼로 새겨 송아지 형상을 만드니 그들이 말하되 이스라엘아 이는 너희를 애굽 땅에서 인도하여 낸 너희의 신이로다 하는지라 5 아론이 보고 그 앞에 제단을 쌓고 이에 아론이 공포하여 이르되 내일은 여호와의 절일이니라 하니 6 이튿날에 그들이 일찍이 일어나 번제를 드리며 화목제를 드리고 백성이 앉아서 먹고 마시며 일어나서 뛰놀더라 7 여호와께서 모세에게 이르시되 너는 내려가라 네가 애굽 땅에서 인도하여 낸 네 백성이 부패하였도다 8 그들이 내가 그들에게 명령한 길을 속히 떠나 자기를 위하여 송아지를 부어 만들고 그것을 예배하며 그것에게 제물을 드리며 말하기를 이스라엘아 이는 너희를 애굽 땅에서 인도하여 낸 너희 신이라 하였도다 9 여호와께서 또 모세에게 이르시되 내가 이 백성을 보니 목이 뻣뻣한 백성이로다 10그런즉 내가 하는 대로 두라 내가 그들에게 진노하여 그들을 진멸하고 너를 큰 나라가 되게 하리라 11 모세가 그의 하나님 여호와께 구하여 이르되 여호와여 어찌하여 그 큰 권능과 강한 손으로 애굽 땅에서 인도하여 내신 주의 백성에게 진노하시나이까 12 어찌하여 애굽 사람들이 이르기를 여호와가 자기의 백성을 산에서 죽이고 지면에서 진멸하려는 악한 의도로 인도해 내었다고 말하게 하시려 하나이까 주의 맹렬한 노를 그치시고 뜻을 돌이키사 주의 백성에게 이 화를 내리지 마옵소서 13 주의 종 아브라함과 이삭과 이스라엘을 기억하소서 주께서 그들을 위하여 주를 가리켜 맹세하여 이르시기를 내가 너희의 자손을 하늘의 별처럼 많게 하고 내가 허락한 이 온 땅을 너희의 자손에게 주어 영원한 기업이 되게 하리라 하셨나이다 14 여호와께서 뜻을 돌이키사 말씀하신 화를 그 백성에게 내리지 아니하시니라 15 모세가 돌이켜 산에서 내려오는데 두 증거판이 그의 손에 있고 그 판의 양면 이쪽 저쪽에 글자가 있으니 16 그 판은 하나님이 만드신 것이요 글자는 하나님이 쓰셔서 판에 새기신 것이더라 17 여호수아가 백성들의 요란한 소리를 듣고 모세에게 말하되 진중에서 싸우는 소리가 나나이다 18 모세가 이르되 이는 승전가도 아니요 패하여 부르짖는 소리도 아니라 내가 듣기에는 노래하는 소리로다 하고 19 진에 가까이 이르러 그 송아지와 그 춤 추는 것들을 보고 크게 노하여 손에서 그 판들을 산 아래로 던져 깨뜨리니라 20 모세가 그들이 만든 송아지를 가져다가 불살라 부수어 가루를 만들어 물에 뿌려 이스라엘 자손에게 마시게 하니라

※ 25장-31장 내용 정리

성구	두 단계	제작 규례	세부적 규례
25:1-40	성막과 기구 관련 규례	장막과 비품	예물 수집, 법궤, 속죄소, 진설병을 두는 상, 등잔대와 기구들
26:1-37		장막 커튼과 기둥	장막을 덮는 휘장들, 장막의 기둥들, 내부 커튼, 외부 커튼
27:1-21		제단, 뜰, 등 관리	번제단, 성막 뜰 울타리, 등 불 관리
28:1-43		제사장들의 옷	전반적인 소개, 에봇, 흉패와 우림과 둠밈, 대제사장의 다른 예복, 이마 장식 띠, 속옷, 관, 허리띠
29:1-46		제사장 임직식	임직에 필요한 재료들, 씻음과 착의식, 짐승 제물과 빵, 위임식, 매일 바치는 제물
30:1-38		기타 규례	분향단, 회막을 위한 세금, 물두멍, 향유, 향
31:1-11		브살렐과 오홀리압	하나님의 영으로 채우심-지혜, 총명, 지식
31:12-18	안식일 규례	안식일	강조-종교적 차원이 아닌 이스라엘의 사회와 경제적 정서에 영향을 끼치기 위함

 말씀 돋보기 - 관찰

1 모세가 산에서 내려오지 않자 백성들이 아론에게 요구한 것은 무엇인가?(출 32:1)

우리를 인도할 신을 만들라

 모세가 산에서 내려오지 않자 불안해진 사람들은 아론을 찾아가 자신들을 인도할 신을 만들라고 요구했다. 이스라엘이 "보이는 신"을 요구하는 것은 보이지 않는 하나님의 대변자였던 모세도 없이 광야를 걸어 가나안으로 입성하게 될 것에 대한 불안 때문이었다. 그들은 자신들의 불안을 볼 수 있고, 느낄 수 있으며, 만질 수 있는 하나님의 우상을 통해 호소하려 했다. 표면적으로 우상 숭배는 인간이 신을 섬기는 것이지만, 내면적으로는 인간이 신을 조종하려는 욕심에서 비롯된 것이다.

※ **금귀고리**

우상숭배와 금귀고리는 매우 밀접한 관계가 있다. 금귀고리의 상당수가 우상의 형태를 취하거나 조각 모양을 지니고 있었다.

ex) 야곱이 라반의 집에서 돌아와 우상들과 금귀고리를 땅에 묻음(창 35:4).
기드온이 백성들에게 금귀고리를 모아 에봇을 만들어 온 이스라엘로 하여금 실족하게 함(삿 8:24-27).

2 아론의 두 가지 잘못은 무엇인가?(출 32:2-5)

a) 금송아지를 만든 것

b) 스스로 제사장 직을 자처하여 번제와 화목제를 드린 것

아론은 백성들이 내놓은 금으로 금송아지 상을 만들었으며, 스스로 제사장 직을 자청해서 그 상 앞에 제단을 쌓고 제사를 드렸다. 아론은 모세의 잠적으로 불안해 하는 백성들을 달래고 위로하며 기다려 보자고 권면하기는커녕 오히려 금을 모아오면 신을 만들어 주겠다고 제안을 하고, 백성들이 모아온 금귀고리들을 녹여서 송아지 상을 만들었다. 또한 아론은 자청해서 송아지 상 앞에서 화목제와 번제를 드리며 즐거워했다. 종교 축제가 열린 것이다.

3 하나님이 여호와를 기리며 만든 이미지에 분노하시는 이유는 무엇인가?(출 32:7)

백성들의 부패, 계명을 어김, 어떤 형상도 만들지 말라고 하신 말씀에 대한 불순종

하나님은 십계명을 통해 이스라엘에게 그 어떠한 형상으로도 하나님의 모형을 만들지 말라고 하셨다(20:4-5). 게다가 금송아지는 하나님을 이방 종교적인 관점에서 표현한 것이다. 이스라엘이 계명을 어기면서까지 하나님의 형상을 만들고자 했던 것은 인간의 본능을 잘 보여준다. 인간은 보이지 않는 것보다 보이는 것을 선호한다. 그러므로 이 말씀은 이스라엘에게 끊임없이 시험이 될 수 있는 말씀이다.

또한 하나님은 우리가 이 세상에서 볼 수 있는 그 어떠한 모형이나 형체와 전적으로 다른 분이다. 이 세상의 그 무엇도 하나님의 아름다움을 형언할 수 없다. 하나님의 형상이 허용되면 인간은 곧 그 형상을 하나님으로 섬기고 그 앞에 절하며 정작 그 형상이 상징하는 여호와는 망각할 것이다. 곧 본질을 놓쳐버린 우상숭배 단계로 접어드는 것이다.

4 모세의 중보의 내용은 무엇인가?(출 32:11-13)

11a절) 이스라엘은 하나님의 택함을 받은 백성이다.

11b절) 하나님은 이스라엘을 애굽에서 구원하시기 위해 능력을 발휘하셨다.

12절) 하나님이 이스라엘을 멸하신다면 애굽 사람들 사이에서 하나님의 명예가 실추될 것이다.

13절) 하나님은 이미 선조들에게 약속하신 바가 있다.

모세는 즉시 이스라엘을 위해 중보에 나섰고 그 내용은 다음과 같다.

- 이스라엘은 하나님의 택함을 받은 백성이다(11a절).
- 하나님은 이스라엘을 애굽에서 구원하시기 위해 능력을 발휘하셨다(11b절).
- 하나님이 이스라엘을 멸하신다면 애굽 사람들 사이에서 하나님의 명예가 실추될 것이다(12절).
- 하나님은 이미 선조들에게 약속하신 바가 있다(13절).

모세의 이러한 중보는 매우 이성적이고 체계적이다. 이 네 가지 중 어느 것 하나도 부인할 수 없는 역사적 사실이기에 하나님도 이스라엘을 멸하지 않는 것이 최선의 선택임을 인정하신다.

전통적으로 유대인들은 속죄일을 제외한 모든 금식하는 날 오후에 이 구절(출 32:11-14)을 읽는다.

5 산에서 내려 온 모세가 행한 두 가지 일은 무엇인가?(출 32:19-20)

a) 돌판을 깨뜨림

b) 금송아지를 녹이고 가루로 갈아서 백성들에게 물에 타서 마시게 함

화가 난 모세는 산에서 가지고 온 돌판을 내던졌다. 모세의 행위는 이스라엘과 하나님 사이에 맺어진 언약이 깨졌음을 상징한다. 아카디아어에서도 계약을 파괴하는 것을 "돌판을 깬다"라고 표현한다. 다음으로 모세는 즉각 금송아지를 녹이고 가루로 갈아서 백성들에게 물에 타서 마시도록 했다. 우가릿 문헌에 의하면 이러한 행위는 추악한 물건을 완전히 소멸하는 것을 상징한다.

※ 금송아지의 의미

고대 근동 지역에서 소는 주권, 리더십, 힘 및 다산의 상징(호 13:2).

아론의 금송아지는 나무로 송아지 형태를 깎은 다음 그 위에 금을 씌운 것으로 단순히 곽을 짜서 거기에 부어 만든 것이 아니라 많은 시간과 노력을 투자해 정교하게 다듬고 새긴 것.

 ## 삶의 내비게이션 - 적용

1 하나님은 이스라엘 백성에게 크게 진노하셨지만 모세의 중보로 이스라엘 백성에게 화가 미치지 않게 된다. 당신이 경험한 중보 기도의 능력에는 어떤 것이 있는가?

관찰문제 4번 참조. 모세의 중보기도는 대단한 능력을 가졌다. 큰 화를 입을 이스라엘을 구한 것이다. 당신의 중보기도도 이러한 능력을 발휘할 수 있다. 물론 이미 경험해 본 사람도 있을 것이다.

중보기도에 대해 이야기를 나누어 보도록 한다. 자신이 한 경우와 부탁한 경우에 대해 각각 이야기를 나누어 보도록 한다. 다양한 경험을 이야기하다 보면 자기 경험이 아닌 것을 나누는 경우가 있다. 되도록이면 본인의 경험을 나누도록 하고, 타인의 이야기에 많은 시간을 허비하지 않도록 한다.

2 이스라엘은 송아지 상 앞에서 여호와께 제물을 드렸다. 그러나 그 제물은 하나님이 받으시지 않고, 오히려 하나님을 진노하게 했다. 하나님께 드린 제물이라고 모두 열납되는 것은 아니다. 하나님이 받으시는 예물은 어떤 예물인가?

관찰문제 2번 참조. 이스라엘은 송아지 상 앞에서 제사를 드렸지만 그 대상은 분명 하나님이었다. 그러나 이 제사는 하나님께 열납되기 보다는 하나님의 진노를 사고 말았다. 본인은 하나님께 드렸다고 생각하지만 나중에 보기에 하나님이 받으시지 않았을 것같은 경험에 대해 이야기를 나누어 보도록 한다.

하나님께 드리는 물질은 경건하고 거룩한 삶이 뒷받침되어야 한다. 투기나 불로소득으로 인한 물질은 하나님이 기뻐하지 않으신다. 하나님이 받으시는 예물은 어떤 예물인지도 각자 이야기를 나누어 보도록 한다.

3 모세는 금송아지를 녹이고 가루로 갈아서 백성들에게 마시도록 해서 문제를 해결한다. 당신에게서 완전히 소멸되어야 하는 것은 무엇이 있는가?

관찰문제 5번 참조. 갈아서 가루를 마시게 하는 것은 추악한 물건을 완전히 소멸하는 것을 상징한다.

각자에게 완전히 소멸되었으면 하는 안좋은 버릇이나 습관은 무엇이 있는지 이야기를 나누어 보도록 한다. 고백하기 어려운 부분이 있다면 종이에 적어 세단기에 갈거나 불에 태우는 방법을 사용할 수도 있다.

인도자는 구성원의 연령에 따라 세단기에 갈거나 불에 태우는 방법을 사용할 수도 있다.

4 아론은 하나님보다 주위의 시선을 너무 의식해서 금송아지 형상을 만드는 죄를 범한다. 당신이 현재 하나님보다 주위 사람들이 의식되는 부분은 무엇이 있는가?

관찰문제 2번 참조. 아론의 죄는 동요하는 사람들을 진정시키고 설득하지 않고 그들의 동요를 적극적으로 수용한 것이다. 하나님보다 사람을 우선으로 하는 죄를 범한 것이다.

각자가 주위 사람이 의식되는 부분은 무엇이 있는지 이야기를 나누어 보도록 한다. 여성의 경우 방이나 헤어 스타일, 의상, 신발 등 외모에 민감할 수 있다. 동호회에 참석하는 경우 산악동호회는 어떤 메이커의 등산복을 입었는지, 사이클 동호회는 얼마짜리 헬멧을 사용하는지 사이클은 어디 것인지 경쟁이다.

서로가 민감한 부분에 대해 이야기를 나누어 본 후, 현재 하나님보다 주위 사람이 더 의식되는 부분은 무엇인지도 이야기해 보도록 한다. 각자의 중심이 어디에 있는지 점검해 보는 시간을 갖도록 한다.

VII. 마무리

- 기도로 마무리한다.
- 제12주 관찰 문제를 예습해 오도록 한다.
- 실천 과제를 제시한다.

 생활의 아로마 - 실천

예 1) 꼭 필요한 부분의 중보기도를 부탁하도록 한다.
  2) 한 주간 변화된 삶을 살도록 노력하도록 한다.
  3) 고민하고 해결해야 하는 것을 적어서 불에 태우거나 세단기에 갈도록 한다.

하나님의 성품과 예배

출애굽기 34:4–35

1. 하나님의 성품을 알 수 있다.
2. 이스라엘이 종교 절기를 기념하고 감사한 것처럼 우리도 할 수 있다.

KEYWORD 기념, 묵상, 하나님의 성품

I . 찬양과 기도

II . 지난주 실천 과제 나눔

III . 복습문제 풀이

 복습

1 아론의 두 가지 잘못은 무엇인가?(출 32:2-5)

  a) 금송아지를 만든 것

  b) 스스로 제사장 직을 자처하여 번제와 화목제를 드린 것

2 모세의 중보의 내용은 무엇인가?(출 32:11-13)

  11a절) 이스라엘은 하나님의 택함을 받은 백성이다.

  11b절) 하나님은 이스라엘을 애굽에서 구원하시기 위해 능력을 발휘
  하셨다.

Ⅳ. 말씀 출애굽기 34:4-35을 다 함께 읽는다

34:4 모세가 돌판 둘을 처음 것과 같이 깎아 만들고 아침에 일찍이 일어나 그 두 돌판을 손에 들고 여호와의 명령대로 시내 산에 올라가니 5 여호와께서 구름 가운데에 강림하사 그와 함께 거기 서서 여호와의 이름을 선포하실새 6 여호와께서 그의 앞으로 지나시며 선포하시되 여호와라 여호와라 자비롭고 은혜롭고 노하기를 더디하고 인자와 진실이 많은 하나님이라 7 인자를 천대까지 베풀며 악과 과실과 죄를 용서하리라 그러나 벌을 면제하지는 아니하고 아버지의 악행을 자손 삼사 대까지 보응하리라 8 모세가 급히 땅에 엎드려 경배하며 9 이르되 주여 내가 주께 은총을 입었거든 원하건대 주는 우리와 동행하옵소서 이는 목이 뻣뻣한 백성이니이다 우리의 악과 죄를 사하시고 우리를 주의 기업으로 삼으소서 10 여호와께서 이르시되 보라 내가 언약을 세우나니 곧 내가 아직 온 땅 아무 국민에게도 행하지 아니한 이적을 너희 전체 백성 앞에 행할 것이라 네가 머무는 나라 백성이 다 여호와의 행하심을 보리니 내가 너를 위하여 행할 일이 두려운 것임이니라 11 너는 내가 오늘 네게 명령하는 것을 삼가 지키라 보라 내가 네 앞에서 아모리 사람과 가나안 사람과 헷 사람과 브리스 사람과 히위 사람과 여부스 사람을 쫓아내리니 12 너는 스스로 삼가 네가 들어가는 땅의 주민과 언약을 세우지 말라 그것이 너희에게 올무가 될까 하노라 13 너희는 도리어 그들의 제단들을 헐고 그들의 주상을 깨뜨리고 그들의 아세라 상을 찍을지어다 14 너는 다른 신에게 절하지 말라 여호와는 질투라 이름하는 질투의 하나님임이니라 15 너는 삼가 그 땅의 주민과 언약을 세우지 말지니 이는 그들이 모든 신을 음란하게 섬기며 그들의 신들에게 제물을 드리고 너를 청하면 네가 그 제물을 먹을까 함이며 16 또 네가 그들의 딸들을 네 아들들의 아내로 삼음으로 그들의 딸들이 그들의 신들을 음란하게 섬기며 네 아들에게 그들의 신들을 음란하게 섬기게 할까 함이니라 17 너는 신상들을 부어 만들지 말지니라 18 너는 무교절을 지키되 내가 네게 명령한 대로 아빕월 그 절기에 이레 동안 무교병을 먹으라 이는 네가 아빕월에 애굽에서 나왔음이니라 19 모든 첫 태생은 다 내 것이며 네 가축의 모든 처음 난 수컷인 소와 양도 다 그러하며 20 나귀의 첫 새끼는 어린 양으로 대속할 것이요 그렇게 하지 아니하려면 그 목을 꺾을 것이며 네 아들 중 장자는 다 대속할지며 빈 손으로 내 얼굴을 보지 말지니라 21 너는 엿새 동안 일하고 일

곱째 날에는 쉴지니 밭 갈 때에나 거둘 때에도 쉴지며 22 칠칠절 곧 맥추의 초실절을 지키고 세말에는 수장절을 지키라 23 너희의 모든 남자는 매년 세 번씩 주 여호와 이스라엘의 하나님 앞에 보일지라 24 내가 이방 나라들을 네 앞에서 쫓아내고 네 지경을 넓히리니 네가 매년 세 번씩 여호와 네 하나님을 뵈려고 올 때에 아무도 네 땅을 탐내지 못하리라 25 너는 내 제물의 피를 유교병과 함께 드리지 말며 유월절 제물을 아침까지 두지 말지며 26 네 토지 소산의 처음 익은 것을 가져다가 네 하나님 여호와의 전에 드릴지며 너는 염소 새끼를 그 어미의 젖으로 삶지 말지니라 27 여호와께서 모세에게 이르시되 너는 이 말들을 기록하라 내가 이 말들의 뜻대로 너와 이스라엘과 언약을 세웠음이니라 하시니라 28 모세가 여호와와 함께 사십 일 사십 야를 거기 있으면서 떡도 먹지 아니하였고 물도 마시지 아니하였으며 여호와께서는 언약의 말씀 곧 십계명을 그 판들에 기록하셨더라 29 모세가 그 증거의 두 판을 모세의 손에 들고 시내 산에서 내려오니 그 산에서 내려올 때에 모세는 자기가 여호와와 말하였음으로 말미암아 얼굴 피부에 광채가 나나 깨닫지 못하였더라 30 아론과 온 이스라엘 자손이 모세를 볼 때에 모세의 얼굴 피부에 광채가 남을 보고 그에게 가까이 하기를 두려워하더니 31 모세가 그들을 부르매 아론과 회중의 모든 어른이 모세에게로 오고 모세가 그들과 말하니 32 그 후에야 온 이스라엘 자손이 가까이 오는지라 모세가 여호와께서 시내 산에서 자기에게 이르신 말씀을 다 그들에게 명령하고 33 모세가 그들에게 말하기를 마치고 수건으로 자기 얼굴을 가렸더라 34 그러나 모세가 여호와 앞에 들어가서 함께 말할 때에는 나오기까지 수건을 벗고 있다가 나와서는 그 명령하신 일을 이스라엘 자손에게 전하며 35 이스라엘 자손이 모세의 얼굴의 광채를 보므로 모세가 여호와께 말하러 들어가기까지 다시 수건으로 자기 얼굴을 가렸더라

 말씀 돋보기 - 관찰

1 하나님이 스스로 말씀하신 일곱 가지 성품은 무엇인가?(출 34:6-7)

자비로우심, 은혜로우심, 노하기를 더디하심, 인자가 많으심, 진실이 많으심, 지속적인 인자하심, 갖가지 죄를 용서하심

〈하나님의 성품〉

하나님의 성품	단어의 의미와 특징
하나님은 **자비**로우시다	자궁(womb)과 연관된 단어로 아이를 향한 어머니의 모성애적 사랑과 관심
하나님은 **은혜**로우시다	아무런 전제 조건 없이, 받을 자격이 전혀 없는 사람들에게까지 베푸시는 일방적인 배려
하나님은 **노하기를 더디하시는 분**이다	'긴 코를 가지다'의 뜻으로 코가 길면 그만큼 화가 난 코의 열을 식힐 수 있는 공간이 많아서 화를 더디 낸다고 생각
하나님은 **인자가 많은 분**이다	언약/계약을 충실하게 이행한다는 뜻으로 필요에 따라서는 이스라엘의 많은 과오도 용서하시고 용납하셔서 언약 관계를 유지하겠다는 의지
하나님은 **진실하신 분**이다	'인자'와 쌍이 되어 자주 등장하는 단어로 꾸준하시고 신실하신 하나님을 강조함
하나님은 **지속적으로 인자하신 분**이다	인자가 많을 뿐만 아니라 항상, 영원토록 인자를 베풀기를 즐기시는 분='인자를 천대까지 베푸시는 분'으로 묘사
하나님은 **갖가지 죄를 용서하는 분**이다	문자적인 해석의 '들어올리다'는 하나님의 언약을 위반함으로써 지게되는 무거운 짐을 들어 올려 주시겠다는 뜻

2 새롭게 하나님과 언약을 체결한 이스라엘이 해서는 안 되는 일은 무엇인가?(출 34:12-17)

12절: 이스라엘은 결코 어떤 경우에도 가나안 사람들과 언약을 맺어서는 안 된다

13절: 이스라엘은 가나안 사람들의 종교에 동요되어도 안되며, 오히려 그들의 종교의 우상들과 제단들을 모두 부숴 버려야 한다

14절: 이스라엘이 가나안 사람들의 신들에게 절하면 안 된다.

15절: 이스라엘 사람들이 가나안 사람들의 초대를 받으면 그들이 우상에게 바친 제
물을 먹을 수도 있으니 초청에 응하면 안 된다

16절: 이스라엘 종교의 순수성을 위해 그들과 결혼해서는 안 된다

17절: 신상을 부어 만들면 안 된다

이스라엘이 결코 해서는 안 되는 일은 가나안 사람들과 어우러져 동맹을 맺고 그들의 우상을 섬기는 일이다. 이스라엘은 결코 어떤 경우에도 가나안 사람들과 언약을 맺어서는 안 된다(12절). 이스라엘은 가나안 사람들의 종교에 동요되어도 안 되며, 오히려 그들의 종교의 우상들과 제단들을 모두 부숴 버려야 한다(13절). 이스라엘이 가나안 사람들의 신들을 좇아가면 "질투의 신"이라는 이름을 가진 여호와께서 이들을 가만두지 않으실 것이다(14절). 심지어 이스라엘 사람들이 가나안 사람들의 초대를 받으면 그들이 우상에게 바친 제물을 먹을 수도 있으니 초청에 응하지 말라고 당부하신다(15절). 그리고 이스라엘 종교의 순수성을 위해 그들과 결혼해서는 안 된다(16절). 물론 신상을 만들어서도 안 된다(17절). 하나님과 새롭게 맺는 언약은 매우 강력한 요구와 규칙 사항을 동반하고 있다.

3 이스라엘이 지켜야 할 종교 절기는 무엇인가?(출 34:18-22)

무교절(유월절), 칠칠절, 수장절

이스라엘이 지켜야 할 종교 절기는 모두 감사 기념 절기이다.

※ 무교절

무교절은 아빕월의 정한 때에 지키는 절기이며, 유월절과 밀접한 관계가 있다. 이스라엘 종교 달력의 첫 달인 아빕월은 포로 후기 시대에는 니산월로 이름이 바뀌었으며 오늘날의 달력에 의하면 3월 중순 경에 시작된다. 농사철로 생각하면 이스라엘에서는 보리를 수확하기 시작하는 시기이다. 무교절은 유월절 밤부터 7일 동안 지속되어 21일에 끝나는 것으로 이 기간 이스라엘은 누룩이 들어 있는 빵을 먹어서는 안된다. 유월절과 무교절은 하나로 취급한다.

※ 맥추절(칠칠절)

유대인들은 시내산에서 하나님이 율법을 주신 날로 기념한다. 맥추절은 수확의 첫 열매 중 제일 좋은 것을 하나님께 드리는 날이다. 훗날 헬라어를 사용

한 유대인들은 이 날을 오순절이라고 불렀다. 그 이유는 맥추절이 유월절에서 50일째 되는 날이기 때문이다(레 23:15-16).

※ 수장절

출애굽기 34:22과 게셀에서 발견된 농사 달력에도 언급된 절기이다. 이 절기는 수확이 다 끝난 후에 갖는 감사의 시간이었다. 수장절은 일곱째 달인 티스레이월 15일부터 21일까지 진행되었다. 장막절이라고도 하며 오늘날 추수감사절에 해당한다.

4 이스라엘의 남자들은 1년에 세 번씩 하나님께 나오라고 강조하는 말씀이 내포하는 두 가지 의미는 무엇인가?(출 34:23-24)

a) 하나님에 대한 예배는 한 곳에서 드려질 것이다

b) 남자들이 한 곳에 그것도 먼 곳에 모여서 예배 드리는 동안 주변의 적들이 쳐들어올 수 있고, 이런 경우에 무방비 상태에 노출되는 위험을 감수해야 한다

첫째, 하나님에 대한 예배는 한 곳에서 드려질 것이며, 그러므로 경우에 따라서는 많은 사람들이 먼 길을 떠나 하나님께 예배를 드리는 경우가 생길 것을 시사한다.

둘째, 이 말씀은 믿음을 시험한다. 남자들이 한 곳에 그것도 먼 곳에 모여서 예배 드리는 동안 주변의 적들이 쳐들어올 수 있고, 이런 경우에 무방비 상태에 노출되는 위험을 감수해야 한다는 요구이다.

<새로운 예배적 규례>

성구	주제	명령	이유
34:12	종교 희석 염려	그 땅의 주민과 언약을 세우지 말라	너희에게 올무가 될 수 있음
34:14	우상숭배 금지	다른 신에게 절하지 말라	질투의 하나님이기 때문
34:15	우상숭배 기회 차단	그 땅의 주민과 언약을 세우지 말고, 초대에 응하지 말라	그들과 같이 음란한 제물을 먹고 음란한 신을 섬기게 될 수 있기 때문
34:16	결혼	그 땅의 자녀들과 결혼시키지 말라	종교의 순수성을 잃어 버리기 때문

성구	주제	명령	이유
34:17	우상숭배	신상을 부어 만들지 말라	보이지 않는 하나님을 물체로 대신해 조정할 것이기 때문
34:18	종교절기와 의무	무교절을 지키라	아빕월에 애굽에서 나왔기 때문
34:19		모든 첫 태생은 다 하나님 것이다	하나님의 축복으로 열매를 거두었기 때문
34:21	종교절기와 의무	안식일을 지키라	일한 후 하나님을 기념하기 위하여
34:23–24		1년에 세 번씩 하나님께 나아오라(유월절, 칠칠절, 수장절)	영원토록 지켜야 할 여호와 종교적 절기를 상기시키기 때문

5 모세의 얼굴의 광채는 무엇을 의미하는가?(출 34:29-30)

하나님의 영광이 모세를 통해 산에서 내려온 것을 의미한다

시내산에서 내려온 모세의 얼굴에는 신적 광채가 나타났다. 하나님의 광채가 모세에게서 묻어났던 것이다. 그는 참으로 하나님과 '얼굴과 얼굴을 맞대고' 대화한 사람이었다. 모세의 얼굴의 광채는 모세가 시내산 위에 임한 하나님의 영광 안에서 하나님의 말씀을 받았음을 의미한다. 이 이야기는 출애굽기의 하나님의 영광이라는 주제를 통해 다른 두 구절들을 연결시킨다(24:15-18과 40:34-38).

24:15-18	34:29-35	40:34-38
하나님의 영광이 산 위에 있음	하나님의 영광이 모세에 의해 산에서 내려옴	하나님의 영광이 장막에 거함

※ 35장- 40장: 성막 짓는 과정의 기록

삶의 내비게이션 - 적용

1 모세는 하나님과 대화한 후, 그의 얼굴에 광채가 나왔다. 당신이 얼굴에서 빛이 나는 경험이 있다면 어떤 경우였는가?

관찰문제 5번 참조. 모세의 얼굴에서 광채가 나는 것은 하나님의 임재를 체험했음을 의미한다. 우리가 만나는 사람들 중에는 표정이 밝은 사람이 있는가 하면 어두운 사람이 있다. 또는 만나면 기운이 나고 힘을 얻는 사람이 있는가 하면, 왠지 기운이 없어지고 몸이 아프게 되는 사람도 있다.

인도자는 참가자들에게 표정이 밝고 만나면 에너지가 넘쳐서 전해지는 사람은 누구인지 말해 보도록 한다.

2 새롭게 하나님과 언약을 체결한 이스라엘이 해서는 안 되는 목록 중에 당신에게 가장 약한 부분은 무엇인가?

관찰문제 2번 참조. 하나님과 언약을 체결한 이스라엘이 해서는 안 되는 일곱 가지 목록을 읽어 보고, 각자 가장 약한 부분은 무엇인지 말해 보도록 한다.

언약을 맺지 않거나 다른 신에게 절하지 않는 것은 잘 지킨다고 할 수 있지만 초대에 응하지 말라는 것은 지키기 어려울 것이다. 또는 미혼인 경우, 타종교인이나 무교인과 교제하고 있다면 그 부분에 대해서도 이야기를 나누어 보도록 한다.

각자에게 약한 부분이 있다. 모두 똑같은 부분에 적용되는 것은 아니다. 인도자는 다양성을 인정하고 자연스럽게 이야기를 나누도록 돕는다.

3 하나님의 백성은 하나님의 성품은 인정하며 깨닫는 것이 중요하다. 당신이 경험한 하나님의 성품은 무엇이 있는가? 또는 경험하고 싶은 하나님의 성품에는 무엇이 있는가?

관찰문제 1번 참조. 표를 참고하여 하나님의 일곱 가지 성품에 대해 이야기를 나누어 보도록 한다. 특별히 자신이 경험한 하나님의 성품과 경험하고 싶은 성품은 무엇인지 이야기를 나누어 본다.

각자의 상황에 따라 필요한 하나님의 성품이 있을 것이다. 이 질문을 통해서 각자가 현재 당면하고 있는 문제와 어려움을 알 수도 있다.

4 절기를 기념하는 것은 하나님이 베푸신 은혜에 감사하는 것이다. 당신이 하나님께 감사하고 정기적으로 기념하는 것은 무엇이 있는가? 정기적으로 기념하는 일이 있으면 두 가지 정도 이야기 해 보라.

관찰문제 3번 참조. 이스라엘이 지켜야 할 종교 절기는 모두 감사 기념 절기이다. 기독교인들은 기념하고 감사하는 일을 잊지 말아야 한다.

각자가 하나님께 감사하고 정기적으로 기념하는 것은 무엇이 있는가 이야기를 나누어 보도록 한다. 특별히 두 가지를 이야기 하도록 한다. 만일 없는 경우 앞으로 하나님께 감사의 제목이 생기면 기념하도록 돕는다.

VII. 마무리

- 기도로 마무리한다.
- 다음 과정 성경 공부에 참석하도록 한다.
- 실천 과제를 제시한다.

 생활의 아로마 - 실천

예 1) 하나님의 일곱 가지 성품을 적어서 일주일 동안 아침마다 읽고 묵상한다.

　 2) 하나님께 감사하고 기념해야 하는 일을 한 가지씩 만든다.

비밀 유지 서약서

나는 이 그룹에서 나눈 것들을 다른 곳에 누설하
지 않기로 약속합니다. 또한 다른 그룹원들이 숨
기고자 하는 내용을 나누도록 압력을 가하지 않
기를 약속합니다. 하나님과 그룹원들에게 나의
약속을 성실히 이행할 것을 서약합니다.

서명 ______________________________

날짜 ______________________________

주	나의 말씀 적용 (생활의 아로마)	실천 과정과 결과
1주		
2주		
3주		
4주		
5주		
6주		

주	나의 말씀 적용 (생활의 아로마)	실천 과정과 결과
7주		
8주		
9주		
10주		
11주		
12주		

출애굽기 엑스포지멘터리 성경공부 출석

주 \ 이름	1	2	3	4	5
OT (월 일)					
1주 (월 일)					
2주 (월 일)					
3주 (월 일)					
4주 (월 일)					
5주 (월 일)					
6주 (월 일)					
7주 (월 일)					
8주 (월 일)					
9주 (월 일)					
10주 (월 일)					
11주 (월 일)					
12주 (월 일)					
합계					
연락처					
메모 (가족/기도)					

6	7	8	9	10	11	12

송병현 〈엑스포지멘터리 시리즈〉의 저자. 캐나다 틴데일대학교(B. Th.)와 미국 시카고 트리니티 복음주의신학교를 졸업하고(M. Div.) 동 대학원에서 박사학위(Ph. D.)를 받았다. 1997년부터 백석대학교 구약학 교수로 봉직 중이며 2009년부터는 선교지의 지도자 교육을 위해 강사진을 파송하는 STAR 선교회를 이끌고 있다. 목회자와 신학생뿐 아니라 하나님의 말씀에 진지하게 귀 기울이기 원하는 이 땅의 그리스도인들을 섬기기 위해 활발한 성경 강해와 해석 사역을 펼치고 있다.

송(임)우민 캐나다 틴데일대학교(B. Th.)와 미국 시카고 트리니티 복음주의신학교를 졸업(M. Div.), LA에 있는 탈봇신학교에서 기독교교육학으로 박사학위(Ph. D.)를 받았다. 20여 년간 북미와 한국에서 영어주일학교 전도사로 교회학교 현장에서 사역했으며, CMIS 캐나다국제학교 이사, Korea Montessori College 교수, 몬테소리 교사 및 컨설턴트 등 다양한 교육학적 경력을 바탕으로 학부모 세미나, 부부 세미나, 교사 세미나와 주요 강사로서 가정과 교회학교를 말씀으로 세우기를 갈망하는 부모와 교사들을 섬기고 있다. 현재 백석예술대학교 보건복지학부 전임교수로 봉직 중이며, 남편 송병현 교수와 함께 STAR 선교회 이사로 섬기고 있다.

엑스포지멘터리 성경공부 시리즈 출애굽기 – 인도자용

초판 1쇄 발행 2014년 2월 10일
2판 1쇄 발행 2025년 12월 12일

지은이 송병현, 임우민
구성 신윤영

펴낸곳 도서출판 이엠
등록번호 제25100-2015-000063
주소 서울시 강서구 공항대로 222, 1014호
전화 070-8832-4671
E-mail empublisher@gmail.com

내용 및 세미나 문의 스타선교회: 02-520-0877 / EMail: starofkorea@gmail.com / www.star123.kr
Copyright © 송병현, 임우민, 2025, *Print in Korea*.
ISBN 979-11-93331-13-2 93230

※ 본서에서 사용한 『성경전서 개역개정판』의 저작권은 재단법인 대한성서공회 소유이며
　재단법인 대한성서공회의 허락을 받고 사용하였습니다.
※ 이 책의 전부 또는 일부 내용을 재사용하려면 사전에 저작권자와 도서출판 이엠의 동의를 받아야 합니다.
※ 가격은 표지 뒷면에 있습니다.

「이 도서의 국립중앙도서관 출판시도서목록(CIP)은 서지정보유통지원시스템 홈페이지(http://seoji.nl.go.kr)와 국가자료공동목록시스템(http://www.nl.go.kr/kolisnet)에서 이용하실 수 있습니다. (CIP제어번호:CIP2015000753)」